泰山学者工程专项经费资助项目

文明互鉴境域中的夏威夷儒学
安乐哲教授访谈录

安乐哲 李文娟 著

图书在版编目（CIP）数据

文明互鉴境域中的夏威夷儒学：安乐哲教授访谈录 / 安乐哲，李文娟著 . —北京：中国社会科学出版社，2020.11
　ISBN 978 – 7 – 5203 – 7279 – 4

　Ⅰ. ①文⋯　Ⅱ. ①安⋯②李⋯　Ⅲ. ①安乐哲—儒学—思想评论　Ⅳ. ①B712.6②B222.05

中国版本图书馆 CIP 数据核字（2020）第 180449 号

出 版 人	赵剑英
责任编辑	孙　萍
责任校对	李　剑
责任印制	王　超

出　　版	中国社会科学出版社
社　　址	北京鼓楼西大街甲 158 号
邮　　编	100720
网　　址	http://www.csspw.cn
发 行 部	010 – 84083685
门 市 部	010 – 84029450
经　　销	新华书店及其他书店
印　　刷	北京君升印刷有限公司
装　　订	廊坊市广阳区广增装订厂
版　　次	2020 年 11 月第 1 版
印　　次	2020 年 11 月第 1 次印刷
开　　本	880×1230　1/32
印　　张	7.75
字　　数	138 千字
定　　价	49.00 元

凡购买中国社会科学出版社图书，如有质量问题请与本社营销中心联系调换
电话：010 – 84083683
版权所有　侵权必究

序

安乐哲（Roger T. Ames）

过去一年，我与李文娟博士多次相谈甚欢，不断讨论儒家哲学之于当今世界的重要性。访谈中，李博士提问深思熟虑、逻辑无可挑剔，我们得以探索许多领域，讨论不少话题。于我而言，访谈一次比一次引人入胜。

我与李博士相识多年。她在中国人民大学完成博士学业，导师梁涛是中国当代最杰出的学者之一，也是我的好友。李博士已出版两部专著，在学术期刊上发表多篇论文，鉴于学术成果突出，近期入选山东省泰山学者青年专家。李博士研究的主要内容是向中国读者和中国学界解读国外儒家哲学研究。她不时关注我的研究，我一直很高兴她对儒家哲学的透彻理解不仅使她能够理解我要说的话，清楚我的观点，而且能用易懂的语言向中国受众阐释我的想法。

 序

在我最早接触中国哲学时，我的恩师劳思光先生曾对我们这群富有激情的学生说："我们不要谈中国哲学，而要谈世界哲学中的中国哲学。"论及本书价值，皆出自李博士独一无二的学识。我们的时代需要广博如李博士的学者，他们能在不断发展的世界文化背景下理解儒学。当前，学界正从不同哲学角度探索、传播儒家哲学，李博士能以自己独到深刻的理解阐释儒家传统。

儒家哲学并非一家之言。历史上，儒家哲学曾与日本、韩国和越南等其他东亚文化融合，这份包容性使其含义更加丰富不同。如今，持续不断的儒家哲学国际化进程"欣赏"和发扬着融合的传统，接纳多元文化视角。随着儒家哲学逐渐改变世界文化秩序，它会变得越来越复杂，在不同文化语境中将得到不同理解。

思及文化"欣赏"，不妨以伟大的德国作曲家路德维希·贝多芬为例。过去，贝多芬曾是一位某个特定时间地点里的作曲家。经过几个世纪，他的作品扩大延伸，从最初德国精英人士喜欢听的音乐，到为不同文化所共赏的世界音乐。在全球范围内不同人群的欣赏中，贝多芬成为了一个更加伟大深邃、有意义的人物。举例来说，贝多芬的合唱交响曲《欢乐颂》先后被欧洲委员会和欧盟选为会歌。从第一次世界大战起，这首第九交响曲逐渐成为日本

序

新年庆祝活动的主题曲，每年在全国各地演出约50场。蔡金冬在《贝多芬在中国》一书中讲述了这位伟大作曲家如何在中国成为追捧对象的故事。贝多芬得到不同文化欣赏，意即内涵加深。如今，作为世界音乐的贝多芬作品融入了许多不同文化，要想欣赏贝多芬的音乐不仅需要理解贝多芬其人，也要懂得这些文化。

我们可将李博士解释世界儒学的方法称为认识论，其目的是全面理解而非片面给出结论，这是很有趣的。儒学既要以其本身的术语来理解，也要在特定语境中重构。拉迪亚德·吉卜林（Rudyard Kipling）曾问过一个著名的问题："一个只有英国知道的英国人，又能知道多少英国？"李博士的解读方法反映了中西认知世界的根本差异，即如葛瑞汉（Angus Graham）所指出的，希腊人是"求真者"而孔子是"问道者"之间的区别。

起源于古典希腊哲学的英语单词"会意"蕴含着辨别真实与表象间本体差异的认知意义。"掌握、习得、理解和明白"的解释反映出现实主义者想要在变化中抓住颠扑不破真理的追求。主观想法与外部现实对应，从而给旁观者提供真实绝对信息一直是西方古典认识论的重要主题，却与儒家思想无甚关系。

李博士理解世界儒学的方法正统。《易经》宣扬过程

序

宇宙论，这个颇具认知意义的词汇反映出一种前进的"映射"，主体与客体、理论与实际之间的差别有待商榷。"知"意味着在特定情况下进行富有成效的"奋进"，从而保证实际效力而非真理，即知道、理解、了解、通达等意。用儒家的话来讲，"知"就是边看路标边向正确的方向走去。

这种映射感延续到了现代汉语里，"我知道"一词从字面意义上来说就是"我行路，我知路"，这就意味着既知道要去哪，也知道如何正确到达。"知"要了解当下的状况，能想象到情况的变化，以群体之"仁"向他人施以必要尊重，为既定未来凝聚支持与热情。

在及物性的"我知道"中，"道"并不是知识的"客体"，而是有真正主观和执行的维度，这一点很重要。"道"是一种生活的质性方式，包含主体和客体，以及主题属性和活动发生的情态。"道"反对亚里士多德的语法哲学，与主客体的情况有关，也与理解的质量以及与所了解的世界情况有关。"知"即仁者之知物、知行、知为。用李博士的方法理解世界儒学，需要明白孰知与何知。在许多规范的儒家著作中，认识论的批判并没有过分依赖对错或真假的语言，这种语言源自基于真实和本性着实存在的本体论假设。相反，认识论的批判常持"人之知而有

序

涯"的观点,人看事物只有一种角度,对其他角度知之甚少。例如,《荀子·解蔽》曰:"凡人之患,蔽于一曲,而暗于大理。"最佳之"知"莫过于"全",须网罗有效促进人类繁荣之举。真正的"知"意味着明知而活。

通过讨论众所周知的"不识庐山真面目,只缘身在此山中"这两句诗,我们能更好地理解李博士对待世界儒学的态度。虽然人们都在用这句话,但可能曲解了它的重要内涵。我一直认为这句话表达的是外部客观视角好于由内而发的观点。例如,《庄子》曰:"亲父不为其子媒。亲父誉之,不若非其父者也。"当我读了苏轼的全诗而非仅是那最后两句时,我开始质疑自己对其内与外和主观与客观的理解。苏轼著名的诗篇《题西林壁》写道:

横看成岭侧成峰,远近高低各不同。
不识庐山真面目,只缘身在此山中。

的确,此诗开篇直言庐山景致变幻,数不清的景色竞相争艳。并且最重要的是,庐山山色并无"外观",而是从一个角度到另一个角度的内部欣赏。同样,由这种逻辑出发,观赏庐山或其他美景的最佳方式就是从尽可能多的角度欣赏。如此,就是"全"的认识论观点。归根结底,

 序

我们能获得的最好的东西不是真理或笃定,只有智慧风趣的对话能为我们提供多样的视角和事物的全貌。李博士对当代儒学研究的重要贡献在于,她尝试在讨论中囊括尽可能多的文化视角。在将我们两人的对话编纂成册的过程中,她致力于构建这种充满包容性的交流。通过出版本书,李博士向所有读者发出邀请,呼吁大家一起寻找解读世界儒学最全面的视角。

(于琦 译)

目　　录

导言　世界儒学如何可能？

世界儒学家的出现 …………………………………（3）
儒学是一个活的传统 ………………………………（9）
没有上帝的宗教感 …………………………………（12）
生生不息的文字和语言 ……………………………（16）
一多不分的天下观 …………………………………（20）

一　谈伦理

伦理学中的道德难题 ………………………………（29）
功利主义与实用主义 ………………………………（34）
儒家伦理道德 ………………………………………（39）

孔子与亚里士多德 …………………………………（44）
儒学与杜威实用主义 ………………………………（51）
儒学与角色伦理学 …………………………………（59）
伦理学的共同价值 …………………………………（74）

二　谈家庭

家庭日常 ……………………………………………（81）
中西方家庭的对比 …………………………………（83）
差序格局与团体格局 ………………………………（88）
平等、自由与家庭关系 ……………………………（90）
消除男女偏见 ………………………………………（94）
夫妻关系的忠恕之道 ………………………………（100）
家庭新模式 …………………………………………（103）
家庭与礼 ……………………………………………（106）
家庭与个人 …………………………………………（112）
家与国 ………………………………………………（117）
中西方不对称的了解 ………………………………（123）

三　谈合作

合作关系：伙伴还是朋友？ ………………………（129）

两个文化传统合作：识得"庐山"真面目 ………… （136）
"合"与"和"的异同 …………………………… （141）
社群关系的双重解读 …………………………… （145）
"同而不和"与"和而不同" …………………… （149）
中国的混合性传统 ……………………………… （152）

四　谈宗教与宗教感

人工智能对宗教的冲击 ………………………… （159）
李泽厚的"两德论" …………………………… （164）
儒家宗教感的核心词汇 ………………………… （167）
爱默生对基督教的批判 ………………………… （173）
《论语》与《圣经》的比较 …………………… （176）
儒学与基督教的互动 …………………………… （181）
儒学在海外 ……………………………………… （190）

五　谈汉字和语言

英文视角看汉字 ………………………………… （197）
郑和与哥伦布的远航 …………………………… （204）
文字与文明 ……………………………………… （207）

目 录

中国的第五大发明 …………………………………（215）
简体字与繁体字 ……………………………………（220）
普通话与方言 ………………………………………（224）
《天书》与文字的想象力 …………………………（227）

导言 世界儒学如何可能？

世界儒学家的出现

李：安先生，您好！为了详细介绍儒学在美国的发展情况，我们计划通过访谈的形式出版一本书，这是本书的第一次访谈，有些问题想向您请教。自20世纪80年代以来，中美学者之间在儒学研究方面的交流日渐增多，通过包括您在内的一些美国学者的努力，儒家的思想理念在美国学界得到了越来越多的关注和认可，也出现了很多新的理论学说，如您提倡的"儒家角色伦理学"，还有安靖如教授（Stephen C. Angle）的"进步儒学"、贝淡宁教授（Daniel A. Bell）的"贤能政治"、李泽厚先生的"情本体论"、成中英先生的"本体诠释学"。此外，杜维明先生也在积极倡导儒家与西方自由主义进行对话，中国国内甚至展开了关于自由儒学与儒家自由主义的讨论。在这种研究热潮之下，您如何看待儒学在国际上的发展前景和所面临的问题？

导言　世界儒学如何可能？

安：如果谈儒学的话，我觉得谈"进步儒学""进化儒学""现代儒学""世界儒学"都很好，可是不要讲"自由儒学"。自由主义跟儒学有一个非常基本的差别，就是个人主义的概念。个人主义不单是自由主义的一个限制，而且是一个相当大的限制。无论怎么说，儒学是一个混合性的传统，属于古时代正在开始变通的一个传统。佛教进入中国，被儒学改变了，变成中国自己的佛教，同时佛教也改变了儒学。儒学跟自由主义当然也是混合性的，要谈人权，要谈民主，也可以谈自由，但是把它作为"自由儒学"有一点过分的自由主义。现在安靖如提出"进步儒学"，这是非常有意义的一个题目，我赞同他。

李：从目前情况来看，儒学受到越来越多的美国学者的关注，您认为最吸引他们的是儒学的哪些方面，换句话说，美国学者对儒学的研究主要集中在哪几个重要的方面？

安：两三个月以前，湖南长沙的岳麓书院邀请我去讲课，有一个年轻人问我，现在像成中英、杜维明、刘述先等人是我们这个时代的新儒家吗？我说不是。我们不要随便用"新儒家"这个概念，"新儒家"像徐复观、梁漱溟、牟宗三、唐君毅，他们的特点是什么？他们是一个时代的团体，他们那个时代受到外来的威胁是非常大的，虽然他们每个人的思想完全不一样，可是他们的目标是救中国，是帮助中国

世界儒学家的出现

"活"下去。他们是英雄,是文化的英雄。现在像杜维明等人,如果要描写他们,我们可以把他们称作"世界儒学家"。所以谈到美国儒学,应该是世界儒学,儒学现在要国际化,要变成全世界的一个文化资源,一个文化改革的资源。所以我个人觉得他们是世界儒学家。儒学有一个根,可是你听我曾经说过贝多芬,不只是德国人说这个是德国人喜欢听的音乐。贝多芬是全世界的一个文化,谁都喜欢听。所以贝多芬跟儒学应该是一样的,儒学是全世界的一个文化资源。

最重要的方面是,我一直跟博古睿(Berggruen Institute)的学生们说,我们现在有人工智能,是一个大方向;我们也有"天下","天下"是一个新的政治、经济秩序的概念。如果谈现代社会的话,第三个应该是家或者说家庭。外国的最大问题是家庭落后了,你看今天是清明节,来北大校园的观光者都是一家一家的,有带着小孩子的,有老人跟年轻人一起来的,然后回家去还要在一起吃饭。家人在一起是很美好的一件事情,非常宝贵,而现在在西方很少见到。

李:对,今天是清明节,清明节是给祖先扫墓的日子,因为我的父母、公婆都健在,为祖先扫墓的事情由他们完成。我们当地有个禁忌,我是一个女孩,如果父母在的话,不可以在清明节回去祭祀祖父母或曾祖父母,如果回去,父母会觉得自己年龄大了,心里有一些忌讳。清明祭祀,主要

导言　世界儒学如何可能？

是子女去拜祭离世的父母。我的祖父母，以及曾祖父母都很长寿，曾祖母在106岁时去世，其他老人也都活到90多岁，我和他们都曾经生活在一起，那时候家里老人们都健在，加上我的父母，我的弟弟妹妹，是一个四世同堂的大家庭，非常热闹。虽然现在老人们都先后去世，在这个日子里还是会十分想念他们，会回忆起很多美好的时刻。另外，清明节也是一个踏青的节日。踏青就是春天到了，全家人约到一起，去赏春，观赏外面的鲜花和美景。《论语》中就记载了孔子和他的弟子们在沂河边踏青的场景，"冠者五六人、童子六七人，浴乎沂，风乎舞雩，咏而归"。无论是家人在一起，还是师生、友人在一起，在这个时节相聚放松心情、欣赏风景、聊天谈心，都是非常美好的。

安：非常好，这些都是为了加强跟家人的关系，西方应该学习这个。中国要加强学习法律，现在在这方面有所改善，逐渐有一个透明的法律制度，这个非常好，非常进步，人权等方面都非常好。如果说中国要学习西方的"法"，那么西方也应该学习中国的"礼"，"礼"在于"家"。"礼"将人们定位在有意义的关系之中，通过"义"不断去调整这些关系，从家里的"孝"开始做起，慢慢将同样的情感推到其他人身上，人们才能成为"人"。《论语》中有一句话，"知和而和，不以礼节之，亦不可行也"。

世界儒学家的出现

李：儒学所植根的土壤就是生活，生活的中心就是家，中国人常说"家和万事兴"，家庭和睦就需要遵守礼的规则，夫妇之间要彼此尊敬，父母对孩子要守信，孩子对父母要孝敬，兄弟姐妹之间懂得谦让，甚至与有较近血缘关系的亲戚之间都要保持一定的礼节。一些传统的、历史悠久的家庭都会有成文或不成文的"家礼"，中国流传着很多有关家礼、家训、家书的资料，虽然细节各不相同，但宗旨是一致的。

安：中国的"人"跟个人主义的"人"不一样，这是非常重要的事，最重要的贡献是个人主义意识形态以外第二选择的人物的概念。因为我们人类现在面对的问题，全球暖化、环境破坏、食品和水资源短缺、恐怖主义，所有的问题都是单独的个人没有办法解决的问题，中国没有办法解决全球暖化，美国也没有办法。合作，我们就可以将它解决。现在个人主义跟单独的个人有关系，是一个模式，是一个英雄模式，是为了"我"。如果谈生意、如果谈外交关系、如果谈运动，不管是什么范围，都是为了我赢你输，但是这个世界的那个时代已经过去。第一，个人是一个虚构，不存在的一个东西；第二，现在我们需要一个"己欲立而立人"的模式，一个共赢的模式。如果你是我的学生，你是非常好的一个学生，我就是一个好老师，你越好我越好。如果我的邻居

导言　世界儒学如何可能？

做得好，我会受他的影响；做得坏，我也会受他的影响，我们都是互相性的。现在的世界非常需要另外一个模式，个人主义以外的一个模式，所以儒学的"以关系构成的人物"是非常重要的一个概念。

现在我们用"一多不分"来了解儒学，"一多不分"是非常好的一个观念。如果谈"人"的话，"人"就是"一多不分"，一方面你是一个独特的人，没有第二个身份，这是一定的；另一方面这个身份不是排他的一个身份，而是因为你跟别人有那么好的关系而产生的。所以儒学的"人"的概念是"一多不分"，不是单纯的个人。我们现在不管是个人、公司、国家，他们都需要"一多不分"。

儒学是一个活的传统

李：现在学术界有很多学者，他们不仅关注儒学的传统价值，也关注儒学的现代价值、世界价值，将儒学的现代化转型看作一项亟待解决的任务。在这方面取得了丰硕的成果，使世界上更多的人理解了儒学，理解了中国的文化。

安：他们有一点不同，像杜维明，他最大的贡献是什么？他是一个存在性的儒家，从他的意义上来说，儒学是一个活的、合理性的传统。我佩服这个，同情这个，我觉得这是非常好的一个想法。可是有很多的人研究儒学，只是在研究一个对象，而不是把儒学当作活的一个对象。儒学的特点是什么？你看古代的希腊跟我们现在的希腊这个国家有什么关系？没有什么关系，断裂了，没有什么继续、连续性的传统。埃及也一样，连罗马跟意大利，波斯跟伊朗也没有什么关系，如果比起来的话，可能是犹太文化跟中国文化有一点

导言　世界儒学如何可能？

相似，是很深厚的一个传统。第一，因为这个传统是活的；第二，它在一个时代接一个时代不断地扩大；第三，有家庭、有合作、有"以关系构成的人物"。活的传统（Living Tradition），是人要负责的一个传统，每一个时代的人必得弘道，要不然它就断裂了。

"人能弘道，非道弘人。""道"，不是一个完整的东西，而是一个时代一个时代要延续的道。所以每一个时代要好好地了解，要保留传统。如果谈"孝"的话，"孝"是要保护你的身体，可这个身体不是皮肤、血肉的身体，而是体会文化传统的一个身体。中国是哪里？中国是在不远的"人"。"道不远人"，儒学不是术，而是人，是一个精神上的活的传统。儒学的传统不像西方那种系统性的哲学，它是"四书五经"要传承下去的，每个时代要写它们的注释，要不断扩大。犹太文化也一样，犹太文化也有《托拉》《塔木德》，他们每个时代要将它扩大，要分析它，要多了解它，然后到了一个年龄，阿訇们就要把它传递下去。①

李：这就像儒家说的"道统"，从两千年前的尧、舜、禹、汤、文武、周公，再到后来的孔子、孟子、荀子，再往

---

① 《托拉》是犹太民族的古书，被犹太人视为"经典中的经典"，包括全部犹太律法、习俗以及礼仪，至今传承两千多年。《塔木德》成书于公元3—5世纪，由一两千名犹太学者联合完成，全书250万字，是犹太民族生活方式的导航图，是他们智慧的源泉。

儒学是一个活的传统

下到扬雄、王通、韩愈，到朱熹、王阳明，这样一代一代传下来。对于儒家学者来说，弘道是他们主动去做的事情，传承儒学是他们的使命。

安：对。元朝的统治者是汉人吗？不是，是蒙古族。清朝的统治者是汉人吗？不是，是满族。可是你看在康熙、乾隆那个时代，文化产品那么多，他们把中国文化发展得多么复杂、多么丰富，很漂亮，他们现在慢慢地就变成汉化的中国人。两三个礼拜之前，我们谈到过马克思。可是马克思是中国人吗？不是，可现在他的思想成了中国化的马克思主义。唐朝的皇帝不是汉人，隋朝的皇帝也不是汉人，所以什么是中国？这是一个非常有意思的问题，要看什么时候。所以你刚刚说的炎帝、黄帝、尧、舜、文、武，一直下去的一个传统，是一个"道统"。

李：中国人见面，会有一种文化上的感应，大家第一句话不是去问"你是不是汉族人"或者"是不是满族人"，不是去问这个，尤其是看到黄皮肤的，首先去问"你是不是中国人"。

安：现在连皮肤也不会首先去考虑了。我看最大的一个虚构是汉人，谁都是汉人，或者谁都不是汉人。如果从文化渊源上来看的话，南方人跟北方人、华夏跟九州都是汉人，都是华人，都是中国人。所以说，少数民族是政治的一个边界，而不是文化的边界。

11

没有上帝的宗教感

安：宗教也是一个非常有趣的话题，没有上帝的宗教感是非常有趣的。中国的儒释道是混合的，没有什么冲突。中国所面对的一个重要问题是什么？如果谈中国的"宗教"，我们最大的问题是什么？是19世纪以后的中文用西方的词汇来创造词汇。"宗教"一词怎么讲？"宗教"不是原有的中文词汇，是创造的一个词，"哲学"也是创造的一个词。所以，如果要谈中国自己本身的宗教感的话，要用中国自己的一个词，它的词汇是"礼"，"礼"是非常重要的一个因素。如果谈西方宗教"religion"，它的拉丁文是"religare"，意思是"紧紧地绑在一起"，人跟上帝之间绑得很紧，上帝是真善美的来源，所以一定要跟他很接近。中国的"礼"，是将家庭、家族紧紧绑在一起的另外一个方法，没有上帝，不需要上帝这个概念。

没有上帝的宗教感

"礼"是一个象形字,表示将祭品摆在祭坛上祭祀祖先,它承载着深厚的宗教意蕴。从狭义上来说,礼分别代表了家庭和族群的精神,既包括死去的人,也包括活着的人,为了给他的家庭和家族带来今世而非来世的繁荣。在形式上,礼表示人们为刚刚死去的人举行礼仪活动,而不是对早已死去的人的祭拜。孔子说:"务民之义,敬鬼神而远之,可谓知矣。"儒家哲学是一种世俗的人文主义,它抵制高高在上的宗教活动。从广义上来说,礼是一种"谈话",可以被看成普通诗歌和重要音乐的源泉,在依照礼所创造的歌曲里,我们能直接、强烈地体验到人的情感与原初环境之间的共鸣。这一点,《中庸》中有生动的描述。

中国的"礼",是非常丰富的一个字,习惯上,人们将"礼"翻译成"ritual""rites""customs""etiquette""propriety""morals"等,然而在古汉语里,礼包含了所有这些意思。在《说文解字》中解为"履",意思是"踩路径"。礼可以提高我们人类的行为,我们是动物,可是如果有礼的话,在中国会说他是非常有文化,非常文明的一个人,这表示他跟礼很近。

李:对,我们夸奖一个人的时候,总是把礼放在第一位,而不是说他有多少钱、有多么高的地位,而是说这个人知书达礼、彬彬有礼。对我们来说,礼可以很复杂,也可以

导言 世界儒学如何可能？

很简单；可以高高在上，也可以在我们身边。礼的宗教作用在于它可以使人产生敬畏之心。"敬畏"是一种神秘的力量，是一个宗教化的字眼。西方社会以宗教教义培养人的敬畏感，而礼是儒家敬畏之心的载体。如丧礼、祭礼、军事礼仪等，都是儒家敬畏生命、敬畏自然和敬畏鬼神的表现。为了感念亲人，告慰祖先，人们每年都要举行家祭仪式，这在某种程度上可以督促在世的人为"积累阴德"而多做善事。礼的应用考虑到了整个社会的循环往复，它不是僵化的，而是具有很大的弹性，它将强者和弱者纳入同一个环境中去尽可能地平等对待，比如说一个身居高位的人和普通老百姓，他们都有同样的举行婚礼和葬礼的资格。

安：谈到社会的区别、阶级的划分，这也是一个题目。现在在外国，如果说"Upper Class"，意思是有钱。贵族的想法是钱，不是道德。如果是儒家的话，阶级怎么分？选择领导的话，要看他的人品，这是非常重要的一点。要做一个君子儒，不要做小人儒。君子儒不是有钱的儒，而是有好品格的人。

李：四川外国语学院的张涛博士出版过一本书——《孔子在美国》，他通过长达七年对美国媒体报道的研究发现，近代以来的美国总统几乎都受到过以孔子为标准的批评，就是美国媒体借用孔子的话去批评总统的过失。在尼克松水门

没有上帝的宗教感

事件爆发时,《基督教科学箴言报》《波士顿环球报》都引用了孔子的话,用"民无信不立"来批评这位总统,提醒他重视"民信"。相反,对于那些有文化的人,无论来自哪个国家,哪个种族,大家还是非常包容的。

安:对,中国文化传统跟犹太文化传统有两个非常大的区别,一个是中国文化是包容性的,另一个是中国没有上帝,犹太文化有上帝。同时,你们有你们的清明节,他们也有他们的礼,他们也有每一个礼拜一定要做的事。礼拜六是犹太人的安息日,从礼拜五晚上开始,他们就放下工作,不用电脑、不用电话,一家人团聚在一起,这个非常好。

生生不息的文字和语言

李：在中国文化中，除了家庭观念以外，您觉得还有什么是更具有生命力的呢？

安：还有一个是文字和语言。中国社科院的赵汀阳老师，他写了一本书叫《惠此中国》，这本书讲的是中国从哪里来？他说要回到尧舜那个时候，中原是一个有强大向心力的漩涡，因为有了这个漩涡，慢慢就有了一个向心力，这个向心力把周边不同的民族、不同的文化吸引到一起，形成了现在的中国。那个漩涡是什么？漩涡是文字和文字的产品。如果到安阳的中国文字博物馆，可以看到那里已经有5000个甲骨文字，单字在4500字左右，可以识别的有1700字。在那个时候（殷商）就已经有5000个文字，语言很丰富。通过这个语言创造出"五经"，"五经"一个时代接一个时代地吸引了不同的民族，慢慢地进入了这个漩涡，就一起变

生生不息的文字和语言

成了中国文化。中国比欧洲人口多，欧洲分得很清楚，有意大利人、俄国人、法国人等，然而它没有什么比中国更丰富。中国各个民族有不同的语言，不同的习惯，不同的生活方式，不同的饮食，可是一多不分，和而不同。所以，这个漩涡是文化。比如说我是一个老外，来到中国，我把我自己作为传统中间的一个部分，因为有这个传统，所以我是有合法性的。同时，我就可以变成传统道统的一个成分。因为有这种现象，所以很难说到底谁是中国人，谁不是中国人，通过不断吸纳新的成分进来，这样，一个时代就会改变。

我们谈语言，它的区别是发音不一样。文字的特点是什么？韩国人现在用中国的文字，日本人用中国的文字，以前越南人用中国的文字。所以，文字不是一个排他的东西，而是有包容性的，你可以用自己的语言来念它们，可是它们还是一多不分。

李：语言可以不同，文字是相同的。

安：对。韩国人讲话你听得懂吗？

李：韩国有些词跟我们的发音差不多。

安：对。如果手写韩语你就能明白，文字差不多，可是他们的语言不一样。日本也是，有很多的名词跟中国差不多，所以一个日本人跟中国人谈话的时候，一定要通过写字

导言 世界儒学如何可能?

来沟通。

李：我有一个师妹在日本留学，前段时间给我寄来一些化妆品和药品，师妹说要一一给我解释一下怎么用。我告诉她说明书上的汉字我都能看懂。虽然听不懂日语，但是文字可以看懂。到韩国去也是一样，基本没有语言障碍，看文字都能明白。这样说来，汉字具有一定的开放性和共享性。

安：在《惠此中国》那本书中，赵汀阳说文字是一个"文化吸引子"（Cultural Attractor），先有中原，然后有不同的民族，跟欧洲一样，所以说中国的语言有很多。现在到山东去，你会发现山东有几百个口音，每个地方都有他们自己的语言。原本很分散的人口，可是因为有文字大家都被吸引到这个漩涡中，所以文字不是一个东西，文字是用的，是"五经"，是文明，是沟通的一个办法。文字跟文明是分不开的。文字作为一个漩涡，把不同的民族吸纳进来了以后要提高他们的文化成分，这个过程离不开文字，慢慢地就形成了一个和而不同、一多不分的传统。同时，你可以将这个传统，或者说这个道统视为你的先祖流传下来的东西，如果外国的东西流传进来，你可以将它看作你的将来，给它一个合法性。赵汀阳很有思想，他的两本书我们正在翻译成英文。《惠此中国》已经翻译完成，之前有台湾人把它翻译成英

生生不息的文字和语言

文，可是翻译得不好，所以我到德国去的时候，花了两个礼拜修改它，要把它说得更清楚一些。赵汀阳的另一本著作《天下体系：世界制度哲学导论》这本书由我的一个博士正在翻译，很快就要完成了。

一多不分的天下观

李：您为什么赞同"天下体系"这个说法？

安：因为我们现在正在经历一个新的经济、政治秩序。原来全世界是欧洲时代，后来转移到东亚，中国崛起了，它的角色也在改变，我们现在要往新的经济、政治秩序的方向发展——"无地缘政治秩序"（No Geoplitical Order）。今年（2019年）5月15日在中国要召开一个国际会议——亚洲文明对话大会，来自亚洲的四十多个国家的代表将会参加，大家对建立"人类命运共同体"会交流不同的想法。可以说，"天下"是中国构建自己的一个地缘政治秩序的想法，跟我们现在的外交关系理论不一样。欧洲国际秩序曾经有威斯特伐利亚体系，1648年西班牙、法国、瑞典、巴伐利亚等不同的国家在德国召开了威斯特伐利亚和会，这是欧洲最早的一次国际会议，它结束了欧洲长达三十年的战争，确立了国际

一多不分的天下观

关系和国际法的基本原则：每个国家主权独立平等原则，不干涉内政原则，势力均衡原则。此后的三百多年，国际秩序都是在这个模式上进行的。

在历史上，英国跟法国之间经历过几百年大战，发生过四十多次战争，它们的起点是不对等的，国家是不对等的。加拿大跟中国是对等的吗？中国重庆的人口跟加拿大的人口差不多，中国一个城市的人口相当于加拿大整个国家的人口。同时，加拿大只有150年的历史，而中国呢？有加拿大文化吗？有加拿大文学吗？有加拿大哲学吗？显然没有。加拿大是个移民国家，是另外一个混合体，没有什么对等。加拿大跟美国是对等的吗？不是，两个都是移民国家，可是他们的样子不一样。美国南加州大学有一个外交关系学的学者，叫 David C. Kang（康灿雄），他应该是一个韩裔美国人，但他看起来不会讲韩语，他写过两本书《东亚的和平、权力与秩序》《西方之前的东亚：朝贡贸易五百年》。他提到，在14—19世纪这500年之间东亚的国家是不对等的，中国最大，然后有朝鲜、日本、越南，这些国家都要跟中国学习，都要用汉字，只是他们跟中国的发音不一样；东亚地区之所以能够出现具有强大的、稳定的国际秩序，是因为文化观念发挥了重要作用。所以说，汉字是一个漩涡，把这些国家拉进来，漩涡在不断扩大。中国勉强韩国人用汉字吗？勉

导言　世界儒学如何可能？

强日本人用汉字吗？勉强越南人用汉字吗？都不是。是他们自己主动来中国，要学习中国文化的传统价值、家庭伦理。在一些地方，他们比中国人更"中国"，礼仪、书法之类的东西都保存得非常好。同时，他们也有自己独立的一个样子，跟中国人不一样。在这 500 年间，东亚有三次大的战争，第一次是中国出兵越南（1408—1428 年），当时越南作为中国的藩属国，越南有两个权势家族发生冲突，有一家是亲中的，所以中国派兵去解决这个问题；第二次是壬辰战争（1592—1598 年），日本太阁丰臣秀吉侵略朝鲜，在朝鲜盘踞十年，朝鲜向明朝求援，最后中朝联合将日本打败；第三次是清朝平定朝鲜（丙子胡乱，1626—1636 年），为了赢得朝鲜对清朝的承认，清朝皇帝领兵征伐朝鲜。除此之外，东亚这几个国家没什么冲突，同时不是中国控制谁。所以，"天下"的概念是中国自己的一个国际关系理论。

"天下"的起点是有一个内在，而没有一个外在。"天下"用英文说是"International"。"Inter"是不同的两个物体联合在一起，可是"Intra"是物体内部有机性的一个关系。如果谈中美关系，这不是两个独立的物体联合在一起，它们已经存在有机性的关系。可是我们这个关系每分每秒都有不同的表现，我们怎么能够优化这个关系，问题就是在这里。按照中国的思维，"天下"的起点是一多不分，没有任何一个独立的物体，我们都有密切的关系。在理论上，你可以谈客观的区别，可是生活中每一天在不同的地方，我们一直有来往，有交流，有贸易。

李：但不是所有的国家现在都承认一多不分，都能站在这种立场上看待国际关系。

安：对，所以中国现在的"一带一路"倡议是一个新的想法，是中国传统"天下"的一个概念，是一多不分的一个概念，或者是东方的一个"帝国主义"。从西方的立场来说，他们有自己的判断，一看中国要扩大外面的关系，会认为它是一个东方的"帝国主义"。可是中国的共同体、共赢、双赢的态度，不是西方那样的"帝国主义"。"帝国主义"是一切都是为了我，我不改变我，我改变你，我要你们一些利益，是自上而下的一个态度。"一带一路"不是这样子，"一带一路"应该是合作性的，中国跟其他国家建立关系，改变他，也改变我，有这样一个理论性的说法。

李："一带一路"要建立像朋友一样的国际关系。

安：对，像朋友一样，这个非常重要。现在已经同中国签订"一带一路"合作文件的国家有131个，一开始有些欧洲的国家很抵触，可是意大利、德国已经加入了，这是一个新的世界经济、政治、文化秩序。这跟"天下"的概念有关系。

李：您曾经在去年（2018年）发表的文章《中国与转变中的世界秩序——儒家思想与杜威及实用主义的对话》中提到此问题，尝试通过杜威价值观与儒家价值观在共赢与多样性方面达成共鸣，使人们消除对"一带一路"倡议的误解，并提出"该秩序将把我们从有限游戏带入无限游戏，从当代世界的不平等带入到人类的共享繁荣"。读完这篇文章，可以感受到您对这个合作倡议是非常认可的。从目前来看，国际关系也在向着一个好的方向发展。

安：对，可这不是简单的事。因为中国援助非洲已经有20年的历史，可是有一些地方成功了，有一些地方失败了。中国的态度一直是"我们不干扰你们的政治，我们要按照你们现在的样子跟你建立关系"。问题是什么？有很多非洲的官员，就是要把中国的钱放进他们自己的口袋里，而他们的老百姓越来越穷，他们把自己的国家卖出去，这对他们自己的民族不公平。所以中国要好好地总结援助非洲的经验和教训，要用这个来加强"一带一路"的倡议。这是我的想法。

"一带一路"应该有三个成分：一个是政府，一个是生意，一个是文化。文化的成分就是要负责"共同体是什么，共赢是什么，这个是什么意思，我们有什么标准"。我们需要学术界去负责、去帮助那个国家清清楚楚地了解这个概念是什么意思，要不然它就是一个修辞概念，仅仅是很漂亮的一个说法。学术界的很多学者要参加,不要认为我们是学术性的,那个是政府的事,跟我们没关系。在修辞这方面,"一带一路"提出要建立人类命运共同体,建立和而不同、共赢的国际合作模式,政府讲得很漂亮,很美好,也有它传统的一个根。这跟中国传统文化有密切的关系,所以学术界要负责把它说清楚,要建立一个标准,来判断我们现在成功或失败的一个标准。

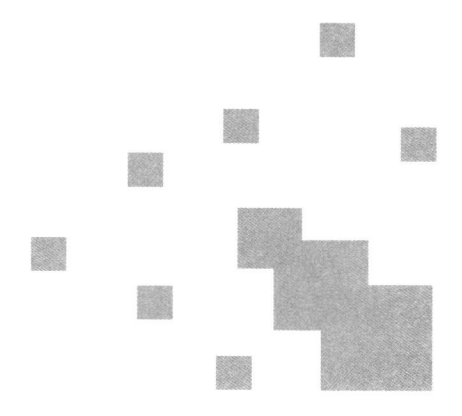

一 谈伦理

伦理学中的道德难题

李：伦理学是比较哲学中一个重要组成部分，有的学者将孔子伦理思想和亚里士多德伦理思想进行比较，有的学者将杜威实用主义伦理学与儒家伦理学相比较，还有的学者将西方功利主义伦理学与宋代事功学派的功利主义相比较。伦理学的目的就是为我们的生活和行为提供一个方法、一个指导、一个标准、一个方向。伦理思维和视野不同，价值判断就会有天壤之别。无论是中国传统伦理学，还是西方传统伦理学，都遇到过难以解决的学术公案。这些学术公案往往与"救人"有关，在中国，经常谈到理论假设的"救人"问题，如《论语》《孟子》中的"孺子将入于井""窃负而逃""攘羊告罪""嫂溺于水"等救人引发的伦理问题。在西方，功利伦理学也有救人的假设，如"杀一救五""救十与救百"等。通过这些"救人"的价值判断，想请您谈谈

一 谈伦理

德性伦理、功利主义、实用主义与儒学之间的异同。

安：我个人认为这主要是西方伦理学的问题，孟子也有这样的问题。可是儒家伦理学最大的贡献是什么？是不需要我们所说的道德难题，就是"救人"这样的现象。这种问题是道德难题，是用伦理学来判断已经发生的那些问题。而中国的儒学是我们所说的"防患于未然"，是在这个问题发生之前，我们应该用什么办法来将它避免，就是使这个情况不要发生。比如说中国家庭中一个女士跟她先生的母亲之间的平衡，这个不是道德难题，这是中国传统的一个问题。道德难题是很少发生的一种问题。就像电车的例子，电车开向五个人，如果改变电车线路，让它只撞死一个人，你怎么选择？

李：这些道德难题涉及生命的问题。功利伦理学提"杀一救五"的假设，就是一个大夫有五个病人在等待器官移植，如果不移植器官，他们就会死掉；这时有一个身体有一点小毛病，但无大碍的人来到医院就诊，这个人的器官都正常且符合移植的条件；那么杀掉这个正常人，用他的器官就能救活五个人。这样的做法在功利伦理主义看来是被允许的，他们追求最好的效果。还有一个例子是"救十与救百"，如果一个人采取 A 行动可以救一百个罪犯，采取 B 行动可以救十位优秀的医生，功利主义的选择是去救这十位医生，理由是每个医生会救很多人，救十位医生就相当于救活成百上千人。这就是功利主义所追求的最大幸福。这种选择在儒家伦理中很难理解。

安：对。这个问题跟个人主义、个人的权利有关系。我个人觉得中国的"礼"，这个概念的目标是不需要这种选择，它是要优化共享体系的一个想法。中国的"和"的概念，不仅是和谐（harmony），也是优化、最大化共享体系的一个想法。所以，"礼"的概念已经回答了救人的问题。

李：功利主义声称他们的行为也是要把整个社会的幸福和快乐最大化，他们所追求的幸福和快乐是怎样的呢？

安：功利主义是企业时代的一个伦理学，幸福跟钱有关系。怎么样才能算幸福？他们可能会说，"最大的幸福就是拥有最多的财富"。这是英国的一个企业时代计算财富的思维方法。他们的思维方法是数字性的，而不是品质性的；是定量的（quantitative），而不是定性的（qualitative）；是理性的，而不是美学性的。英国的功利主义者密尔（John Stuart Mill），他是西方自由主义的代表，他认为行为的道德正确程度由结果来决定，结果以数量来计算。救起一个落水者，不管是出于义务，还是出于想得到酬劳，就行为的道德价值而言，密尔认为两者毫无差别。

李：仔细想想，功利主义者大部分都是经济学家，如边沁、密尔、亚当·斯密等。所以，他们评判伦理价值的标准会和数量、金钱、财富有关。

安：对。如果说中国的伦理传统是整体性的、美学性的、审美性的思维方法，那么经济学家或者像康德之类的哲学家，他们是理性的、规定性的思维方法。后者的道德是按照一定的原则来规定行为，属于规范伦理学的范畴。可是英国非常著名的伦理学家伯纳德·威廉姆斯（Bernard Williams）批评功利主义和康德伦理学，他说得很清楚，"哲学没有可能为道德提供理论基础，没有一个伦理的理论能告诉你什么是好，什么是不好，什么应该做，什么不应该做"。如果要了解你应该怎么做，你需要一个比较复杂的主体生命。理论没有办法判断什么是善，什么是恶。麦金泰尔在《德性之后》那本书中也提到过三大论争：一是关于战争的争论。一方认为战争会伤及无辜，要停止战争；另一方认为战争是阻止侵略、剥削统治的合理手段，如果想要和平，就得准备战争。二是关于人工流产的争论。一方认为胎儿是母亲身体的一部分，母亲有权决定自己是否流产；另一方认为胎儿是一个较早阶段的个人，人工流产是谋杀。三是关于教育与医疗权利的争论。一方认为教育和医疗保健的权利是人人平等的权利，不应该以金钱来获取不平等的份额，因此也不应该存在私人学校和私人医疗行业;另一方认为个人有自由选择医生和教育机构的权利,医生和教师有自由开办私人诊所和私人学校的权利。这些问题没有确切答案,理论没有办法判断对错。

功利主义与实用主义

李：目前在美国，功利主义伦理学的发展状况如何？

安：如果谈现在的美国的话，有三个大的伦理学流派：功利主义、亚里士多德美德伦理学、康德理性主义伦理学。西方的伦理学是很好，问题是从中国的历程来看，西方一直要判断什么是对，什么是错，什么是好，什么不好。如果从伦理学角度来说的话，这个与儒家的思想不同，儒家会考虑全局，全局的是最有价值的。然而，功利主义做事的时候，他的行为跟他的目标没有什么关系，只要效果好就成功了。康德理性伦理学有一个最重要的考虑，那就是"你为什么要这么做"，我们的行为是受意志支配的，只要遵从我们自己的意志去行动，我们就都是自由的，即使最后不成功也没有关系，你的意志告诉你做这个就可以。可是功利主义不管你的意志怎么样，效果好就成功了，社会赞成你，你就是一个好人。

李：达尔文主义算不算功利主义？

安：达尔文主义是演化的、进化的一个想法。可是这个跟经济不一样，经济是理性化的一个伦理。

李：达尔文的学生——英国生物学家赫胥黎，他有一本书叫《进化论与伦理学》，也就是严复翻译过来的《天演论》，提出"物竞天择，适者生存"的社会达尔文主义。严复把这个思想传入中国，人们把它理解为"落后就要挨打""优胜劣汰"，因此中国掀起了一场救亡图存的自救运动。在这种思想的驱动下，人们只顾变大变强，在竞争中丢失了很多传统美德。这样看起来，跟功利主义的做法非常接近。

安：不，赫胥黎的想法不是强跟弱，他们说"fittest"，意思不是最强或者最弱，而是最恰当的，有时候最弱的东西是最恰当的。所以"fittest"是最恰当的意思，相当于"adaptable"适合的，表示你跟你周围环境的关系怎么样，适应不适应，如果跟周围环境有冲突，就会走向衰亡，环境是最强的容器，如果跟环境没有办法融合在一起，就会出事。我个人觉得达尔文是实用主义的一个想法，就是杜威的那种实用主义，什么是最具实用性的？中国的"实用"这个词听起来不好，有一点像手段主义或者机会主义，实际上应该是实验主义，美国的实用主义就是实验主义，是要看什么是最

— 谈伦理

恰当的，什么是最有效的。所以达尔文主义跟实验主义的想法是一类的。

李：冯友兰先生称墨子"兼爱"的原则是功利主义的论辩，他说："墨子认为，实行兼爱是济世利人的唯一道路，人唯有实行兼爱才是一个仁人……世界的利益就包括了其中每一个人的利益，为世界谋利就是为自己谋利。"冯先生还将墨学与边沁的思想相比较，他说："边沁所谓的快乐苦痛，墨家谓之利害，即可以致快乐苦痛者。"因为墨子讲"天下之利""以利为义"，所以现在仍有一些学者将墨子思想与穆勒、边沁、密尔等人的功利思想相比较。

安：对，他有这个想法，所以汉朝以后两千年来墨子没有什么影响。可是后来中西方碰撞越来越多，因为墨子有"天下""天子"这个概念，有功利主义的思想，所以又开始受到关注了。清朝的时候孙诒让写了一本书《墨子间诂》[①]，让墨子再次在世人面前被谈起。

李：功利主义的兴起大概是跟经济发展有关系。

安：对。

李：那么，中国改革开放时期，为了发展经济，邓小平同志提出"不管黑猫白猫，捉到老鼠就是好猫"，这个"黑

---

① 梁启超评价："自此书出，然后《墨子》人人可读，现代墨学复活，全由此书导之。"

猫白猫"论还被刊登在美国的《时代》周刊上,成为世界人民知晓的至理名言,后来马来西亚的总统在 APEC 首脑峰会上也提出过这句话。这种经济发展理念您认为是功利主义理念还是实用主义理念呢?

安:邓小平的想法比较像实用主义的想法,追求的效果跟实用主义也有关系。实用主义是全面性的,它要考虑你为什么要这么做?你的行为的效果是什么?别人对你的行为有什么判断?这些问题都要考虑。所以,实用主义是比较复杂的。功利主义非常简单,按照他们的想法跟算钱一样,看最后有多少钱。

李:也就是说,功利主义没有既定的目标,哪种选择能赚更多的钱,就选择哪一种。

安:对,有这种思维倾向。所以他们把道德作为钱,用最多的钱去做最有效的行为。他们的模式是经济性的一个模式。对他们来说,怎么样才算是最高的快乐和幸福?最高的快乐和幸福是什么?最高的快乐和幸福是高高兴兴的吗?其实,幸福是非常复杂的东西,如果你非常爱一个人,那个人去世你就会非常痛苦,痛苦不是幸福。可是,如果没有痛苦的话,你这一辈子的生命就不是最完整的、最漂亮的。所以,最漂亮的生命不是那么简单。最高的快乐和幸福,它最大的问题就是你怎么去计算?举你刚才说的那个例子,一边是十个大夫，一边是一百个犯人，应该去救大夫，还是去救犯人？按照康德的伦理学，道德法则是行为的标准，杀人是不对的，不管是有多少人会死，杀一个人也是不对的，是不可以做的事。按照他的想法，他不算效果，他算责任。什么是正确的，什么是应该做的，都有什么相关规定，美德是别人对一个人的道德判断，有道德的行为是谁都佩服的一种行为。

李：我们都知道康德有一句名言，他说："我最敬畏的就是天上的星空和心中的道德律。"

安：对，所以他说谎言是不对的。可是有的时候如果一个人胖胖的，她问你"我胖了吗"，你一定要说"一点都不胖"。然而这是一个谎言。

李：善意的谎言和道德之间又是一个很难处理的问题。

儒家伦理道德

安：儒学的情况比较复杂，我个人觉得儒学最重要的是角色，一个人的角色，一定要做一个好的母亲，要做好的老师，要做好的邻居，这是最重要的。所以，儒学的道德不是按照规定做事，不是按照你怎么计算效果的办法，也不是依靠别人对你的判断，最重要的是扩大关系，如果你的行为是扩大关系的话，这个是好事，如果减少关系，这个是坏事。

李：是。儒学也讲救人的关系，《孟子·公孙丑上》中讲："今人乍见孺子将入于井，皆有怵惕恻隐之心"，就是有个孩子落到井里了，看到的人第一个反应就是去救他，而不是去想这个是不是我的孩子，或者救了这个孩子能得到多少财富等，就是发自内心的一个善性去救这个孩子。这一点就是儒家讲的善，人性是向善的。

安：对，是向善的。如果说是善，我不同意，向善是非

一 谈伦理

常重要的一个考虑。向善是倾向,它的倾向是善的。现在有很多人误会孟子,把他的思想说成"人性善",即我们人本然是善,这不是孟子的思维。我这学期开一门课,叫"詹姆斯与孟子的心理哲学",我们要将孟子思想理清楚。荀子批评孟子,说这个"人性善"是孟子的说法,如果人性善,你做什么都是好事。可是孟子说什么?他说我们都要很努力地做事,为了变成尧舜,这不是一件简单的事。所以现在有很多人用荀子对孟子的批评这个想法来了解孟子。

李:《孟子·尽心上》还有一个大舜"窃负而逃"的故事,孟子的弟子桃应问:"舜做了天子,如果他的父亲瞽瞍杀了人,他应该怎么办?"孟子说:"舜会舍弃天子之位,偷偷背着他的父亲逃到海边住下来。"从儒家的角度来看,守住父子人伦关系比守住官职更重要。您怎么看待孟子帮舜做出的这个选择?

安:如果谈伦理学的话,这种的道德难题你可以一直辩论,可是最重要的是具体性的行为。最近有一个老师,他做了一个非常好的报告,他说如果你问一个老外"文化、文明是什么",那个老外他一定会说"不可以杀人",有很多的相近的世界原则。可是如果问一个中国人"文明是什么",他会说"不要吐痰""有很多人在一起不要大声说话""不要干扰你的邻居"。中国人的反应是比较具体性的,这不是说中国人认为杀人是可以的，可是中国人如果想"什么是道德"，他们不会想到那个最底线。如果我们谈道德的话，谈伦理的话，为什么要谈杀人？当然我们不杀人，这个不需要谈，我们要谈的是我们具体应该怎么做，要谈日常的道德表现，要看对孩子有什么影响，要帮助别人，要帮助家人。

（窃负而逃）有很多不同的说法，当然这跟"孝"有关系。因为那是一个道德难题，所以可以有很多不同的解释，我们也可以批评它。最重要的是看"孝"这个概念，看孝敬底线的判断，这个底线就是义。你看《论语》里面讲有个人的父亲偷了一只羊的那个故事，孔子说那个父亲要让儿子为他隐瞒，儿子就要为父亲隐瞒。可是孔子的意思不是让他做他要做的事，《孝经》里面说得很清楚，曾子问："从父之令，可谓孝乎？"孔子说："父有争子，则身不陷于不义。……从父之令，又焉得为孝乎？"儿子对父亲如果只有"孝"而没有"谏诤"，就不算是孝，"谏诤"是年轻人要想办法修改前辈的错误。所以，他的儿子为他隐瞒的时候，一定要想办法赔偿给失主一些钱，要找到"义"，要纠正错误，同时要跟他父亲谈这个情况，要想办法规劝他。当然不要告发他，不要叫警察来抓住他，不可以这样子做，可是为他隐瞒不代表让他这样做，而是要了解情况。所以"孝"的唯一标准是仁义的"义"。如果你的父亲是一个杀手，他已经杀了 15 个人，后来你知道了，出于"义"的考虑，你要叫警察来，当然还要爱他、帮助他，另外还要保护你的邻居和其他人。所以，舜的行为是要看"义"最后在哪里，"义"的标准在哪里。

李：如果从社会实际情况来看，舜是一个天子，他有能力救他的父亲，即使他的父亲杀了人，他也可以把他背走。但是对于普通人来说，如果他父亲杀了人，根本没有办法去救他，因为他没有办法把父亲从监狱里面背出来。

安：对，这个情况很复杂，所以谁都要谈自己不同的看法，可是这不是儒家伦理学的一个重要的部分，重要的部分是我们怎么能够创造一个好的社会，没有那种犯罪现象，没有像舜的父亲这种人。这种人是从哪里来的？如果有好的社会，如果有谁都要负责的文明型的社会，就不会有这种父亲。所以儒学的想法，不是我们怎么解决这个问题，最重要的解释是什么？最重要的是应该怎么做一个好父亲，应该怎么做一个好老师，应该怎么做一个好邻居。

李：是，儒家重视的是如何创造一个和谐的社会。就像孔子所说的那样，"听讼，吾犹人也，必也使无讼乎"。

安：对，这是最好的一个例子。孔子他说他能断案，可是最好的情况是不要断案，最好是没有这样的情况发生。

李：纠纷能在家里解决就在家里解决，尽量不要诉诸法律，一旦上了法庭，双方的关系就会失和。所以在中国，法律跟一些家庭中的礼，它们是结合在一起发生作用的。

安：对，最好是不需要法律。所以我们所说的道德难题，就是西方伦理学一直要提的功利主义的例子，有很多有趣的例子，比如有这个奇怪的情况应该怎么反应，有那个奇怪的情况应该怎么反应。可这是跟伦理学，跟理论有关系，而跟日常伦理没有什么关系，我们不会碰到那个情况，所以回到那个问题，这些讨论有什么价值？

孔子与亚里士多德

李：亚里士多德讲美德伦理，他的伦理学与孔子的德性伦理学经常被学者拿来比较，您是如何看待两种伦理学之间的异同的？

安：我跟他们是相反的，我提的是角色伦理学，反对学者把孔子作为亚里士多德一样的人物。因为我的想法是，在儒学碰到西方的伦理理论以前，已经有两千年的历史，所以我们为什么要用一个"鞋拔子"勉强孔子穿外国的"鞋子"？孔子有他自己的思想，他与亚里士多德之间的概念不一样。亚里士多德伦理学的起点是个人主义的概念，它把"人"作为一个个人，道德是一个人的性格，有他个人的表现，而这不是儒学的模式。

李：亚里士多德不主张道德楷模，他在乎每个场合的特殊性，而儒家提倡做一个君子，君子可以给别人做榜样，但是亚里士多德不提倡君子那样的榜样,他追求个人的特殊性。

安:亚里士多德不是包容性的一个人物,他是贵族,他的思想是为了贵族阶级,贵族拥有控制奴隶、女人人身自由的权利。按照亚里士多德的想法,贵族男人是道德的标准,女人、奴隶是另外一回事,所以亚里士多德伦理学应用的范围很窄。

李:也就是说,亚里士多德所说的德性和道德,是贵族的德性和道德,而孔子所说的道德是更宽泛的道德。

安:对,同时孔子判断伦理的时候,他要用"礼",礼貌的"礼";亚里士多德要用"理",理性的"理",所以这方面不一样。一个是"礼",一个是"理",发音一样,想法不一样。另外,孔子的中庸思想与亚里士多德的中道思想不一样。

什么是道德?我们用英文说,亚里士多德的 virtue(道德)是 courage(勇气)/temperance(自制)这一类的内容,它们是纯粹的原则,同时是先有原则,然后有人的行为,所以可以用原则来判断人的行为。可是 virtue 这是一个抽象的想法,原则到底是从哪里来的?是从我们人类的行为中来的。先有我们人类的行为,然后我们可以把一个想法、一个标准抽象出来,来了解它。每一个时代不一样,在这个时代

一　谈伦理

"勇气"又是什么？在第二次世界大战的时候，"勇气"又是什么？一个母亲保护她的小孩，这个是勇气；一个军人要到外国去参加一个大战，这个是勇气。这个行为是从哪里来的？标准是从哪里来的？同时它不是纯粹的，我们人类的行为太复杂，你没有办法说道德是什么东西。我个人的想法是，亚里士多德把我们人类的行为简单化、分散化了，同时将其看成是一个人的性格。在儒学的传统中，人不是一个单独的、个别性的存在，一个君子是一个事件（event），他的道德是他的叙述，是他的故事，是他的生命，是他的中庸之道。君子不是一种行为，而是一个很完美的、在每个不同的情况下找到的最优化、最有效的反应。所以我认为亚里士多德的模式跟儒学不一样。

李：美国的哲学家余纪元教授，他写过一本书叫《德性之镜》，对亚里士多德伦理学与儒家伦理学进行了系统比较，这本书很精彩，在学界影响也很大。

安：对，我知道，纪元跟我是好朋友，他的书很精彩，可惜的是他很年轻就去世了。另外，还有一个女士梅森（May Sim）写了第二本《与亚里士多德和孔子携手重塑道德》（*Remastering Morals with Aristotle and Confucius*, Cambridge University Press, 2007），所以我一直跟他们辩论。我大概二十几年前就认识梅森，她在俄克拉荷马州立大学教书，现在香港中文大学的王庆节，他研究海德格尔，那个时候他们两个人在俄克拉荷马州立大学教书，请我到他们那边去谈儒学。梅森是研究亚里士多德的一个著名专家，那个时候梅森认为亚里士多德会解决所有的孔子的问题，后来一步一步把亚里士多德和孔子两个人进行了比较，最后她还是更认同亚里士多德。他们一直要谈儒学的缺点，认为儒学没有这个，没有那个，可是我不同意，我看他们不应该把两个不同的思想联合在一起。

我个人认为，亚里士多德和孔子都有他们各自的贡献。亚里士多德他非常好，他讲得很清楚。问题是什么？是他有不一致的地方。亚里士多德知道普遍原则非常重要，不是中国的那种普遍原则，是古希腊的 universal，他认为这个非常重要，同时日常生活也非常重要。如果谈智慧的话，他有两个不同层次的智慧，一个是日常生活的范畴——phronesis（实践活动），依靠它你会解决所有的问题，然而最高的还是 universal（普遍原则）。所以他有 theoria（理论）这种概念，理论跟实践活动没有办法联合在一起，做很多很多的实践活动你也没有办法达到普遍原则。儒学是仁者、君子、圣人，这样一直往上的一个过程，可是亚里士多德他有两个没有办法联合在一起的过程。

李： 是不是亚里士多德认为所有的普遍原则，包括道德

一 谈伦理

都是既定的，不能通过后天培养出来？比如一个奴隶，他身上不可能拥有那种普遍原则或道德，也就意味着不能被培养？

安：对，问题就在这里，那个最高的是永远不改变的那种原则。所以希腊哲学跟基督教联合在一起以后，完整的、完美的、永远不改变的那个原则就变成上帝，西方的上帝。西方的上帝是一个自足的、独立的、永远不改变的实在。这种概念中国没有，这是客观主义的一个来源，因为有它，所以我们是主观的存在，可是因为有它，我们有客观的原则，有这种想法。中国的客观跟西方的客观不一样，中国是第二世界的一种客观。中国的客观是一个时代我们都统一的和而不同，"和"是一个客观，是我们最后决定的社会上的原则，这个最普遍的、最普及的、最普适的是客观。可是儒家的普适跟希腊的普世不一样，我跟武汉大学的郭齐勇、吴根友两位教授对这个问题有一个晚上的讨论，到最后我还是没能说服他们。

李：根据您的观点，您不赞成把孔子跟亚里士多德进行比较？

安：我看这是一个错误，有很多人他们做这个事情，特别是外国的学者，还有在外国教书的中国学者。可是亚里士多德的"道德"跟儒家的"德"是一样的东西吗？在中国有像陈来这样的学者，他们会看到希腊文化中的"道德"（virtue）跟儒家的"德"之间是有关系的，可是很明白它们不是一样的东西。儒家的"德"跟希腊的"arête"（希腊化的 virtue），是一样东西吗？那个"arête"有它自己的定义，中国的"德"跟"道"是分不开的。

李：您将"德"翻译成"virtuosity"，而不是"virtue"，能具体解释一下吗？

安："Virtuosity"（造诣）是一个动名词，它在于使人的行为变成"有德性的"，这些行为是在一个具体的动态环境中聚合到一起的，它是充满活力的、符合境域和实际的、具有创造力的最佳状态。如果谈"仁"，它究竟是行为者还是行为？两个都是，它们是分不开的。

亚里士多德所说的"virtue"是一个人的性格（character），因为他是一个有道德的人，所以他的行为就变成道德性的行为。可是我觉得那是一个人的模式，是一个人的样子，是他身份的一个象征。亚里士多德把"virtue"作为人的一个本质成分，因为他有这个道德的身份，所以他的行为是有道德的。我个人觉得中国是相反的，是因为有道德的行为，所以最后你具有了道德的身份。

如果谈道统，道统是从哪里来的？是因为有万物之道，有孔子之道，有朱子之道，所以最后才有了一个道统。这个

一 谈伦理

道统是一多不分，儒家的道德也是一多不分，它们不是纯粹的一样东西，而是一直在发生改变，所以儒家是生生不息的一个宇宙论。将儒家的"道德"理解为亚里士多德的"virtue"，这种定义太简单了，因为它只是一般性的一个概念。

"仁"这个概念是从哪里来的？是因为有这个人的道德行为，有那个人的道德行为，形成了一个历史传统，所以慢慢地就变成一个标准。可是这个标准一直在改变，因为有不同的人、不同的道德行为，所以"仁"不是一个起点，而是一个效果，它的内涵越来越大，越来越丰富。在一百年以前，你穿这种衣服是不对的，我穿这种衣服也是不对的，可是过了一百年，什么是好、什么是坏，不是可以简单判断的事，要看时候，要看情况，要看效果。

李：《礼记》所言，"礼，时为大。"礼以符合时代、适应社会为标准。两千年以前，在当时那个"男女授受不亲"的条件下，嫂子掉到水里了，还得考虑一下要不要伸手去救她。但是在今天来看，这是没有问题的。

安：对，一百年以前的"礼"跟现在的"礼"不一样，同时一百年以后的"礼"也不应该一样。我们人类有新的发展，要温故而知新，社会是进步性的，这个进步不仅是越来越好，而且是一直在改变。

儒学与杜威实用主义

李：上一次我们谈到孔子的伦理思想和亚里士多德的伦理思想，当时您讲得特别详细，现在非常明白了。这次想向您请教的是杜威及其实用主义，因为您书里面有多处谈到杜威的民主思想，提到杜威他既是一个教育家，也是一个心理学家，还是一个哲学家，非常受人尊敬。

安：1919年5月1日，杜威到中国访问，在中国生活了两年零三个月，踏遍了中国的11个省，当时也来过北京大学，现在已经有100年的历史。两天前，我们召开了一个会议，以纪念杜威来华100周年。一方面，近二三十年以来，我一直主张儒学跟杜威实用主义的对话，所以我在北京大学出版社主编了一套书"实用主义研究丛书"①，这套书是外

---

① 《实用主义研究丛书》包括：斯蒂文·洛克菲勒：《杜威：宗教信仰与民主人本主义》；罗伯特·威斯布鲁克：《杜威与美国民主》；詹姆斯·坎贝尔：《理解杜威——自然与协作的智慧》；亚历山大·托马斯：《杜威的艺术、经验与自然理论》；拉里·希克曼：《阅读杜威——为后现代做的阐释》；斯蒂文·费什米尔：《杜威与道德想象力》；拉里·希克曼：《杜威的实用主义技术》；托德·莱肯：《造就道德——伦理学理论的实用主义重构》。

一　谈伦理

国学者最好的谈杜威的书，它们被翻译成中文。另一方面，我在夏威夷大学出版社有一本新书，这本书谈杜威跟儒学的关系，是我们与复旦大学杜威研究中心合作的一个成果。

在很多地方，杜威要谈"individuality"（个人特征），就像儒学谈"仁"一样。杜威的"individuality"不是排他的，是有包容性的，因为我跟别人有非常好的关系，所以我有我的独特性。儒学在某一方面来看，也是一门教育哲学。两者最大的区别在什么地方？儒学重视家庭，杜威他不谈家庭，这是非常奇怪的事。因为他有一个想法叫"postulate of immediate empiricism"，这是什么？是一种经验主义，而且是一种激烈的经验主义。传统上的经验主义是要了解经验，为了挖掘到经验的进程的规律性，为了期望新的经验，是往后面看，去分析经验。可是一个激烈的经验主义是要了解一直在改变的经验，你没有办法挖掘到它常规的样子，因为它一直在改变。杜威说没有一个客观的外在世界，如果要了解客观是什么，主观是什么，正义是什么，真理是什么，只有依靠我们的经验，我们的经验是实在的，所以杜威哲学的词汇都是"What is experience as"。正义不是一个天生的、客观的标准，而是我们今天感受到的公平与不公平，这才是正义，所以杜威一直在谈激烈的经验主义。可是，他没有发现我们人的起点是家庭，你出生在一个家庭中，你学习的东西和对别人的爱，是因为一开始你的父母教你和爱你，家庭非常重要。同时，他提出"real childhood education"（真正的儿童教育），如果要改变世界，就要从小孩子的教育开始，年龄大了已经有你的习惯、你的思维方法，我们没有办法改变你，可是小孩子我们可以改变。杜威经常谈小孩子，他自己是一个非常好的父亲，有好几个孩子。可是他没有发现，谈哲学必须得谈家庭。

李：杜威的经验场域仅限于社会吗？

安：对。中国传统是从家庭开始，社群是家庭的扩大，国家是国人的家，所以中国的关系是一直从家庭往外延伸的。可是杜威的经验的起点是人跟社群，他不用家庭，他不谈家庭，谈的是个人。按照他的想法，道德行为非常简单，就是扩大关系，我对你好表示我想建立这个关系，我应该用我的想象力找到最优化的行为让它扩大。他的看法是：增长关系是道德，减少关系是非道德。如果你对别人不理不睬，对别人不客气，对别人不尊敬，忽略别人，这是非道德的。如果你一直思考我怎么能够帮助别人，我怎么能扩大我们之间的关系，就像孔子说的"己欲立而立人，己欲达而达人"，这是道德的表现。"Morality is the growth of relationships"（道德即关系的扩大）是杜威的思想，就这么简单。

李：杜威所谈的德性，是通过学校教育培养的，还是家庭或社会培养的？

安：依靠想象力。跟中国一样，儒学忠恕之道——"己欲立而立人，己欲达而达人""己所不欲，勿施于人"就是想象力，"恕"是我要把我自己放在对方的立场上，然后思考我应该怎么做。有很多人把"恕"翻译为"reciprocity"（互惠主义）或者"altruism"（利他主义），可是这是非常复杂的一个词。"恕"是要做，它不只是一个理论性的东西，是我站在这里，运用我的想象力，想象这样子做有什么效果，那样子做有什么效果；不仅站在自己的立场来看那个情况，还要站在他人的立场，依靠我的记忆力、智力、想象力去选择那个最好的、最有效的行为。"忠"是要好好地做，要尽己所能去做。

李：杜威有没有树立一个像儒家君子的这种形象，让他去影响周围的人？

安：杜威缺了一个榜样，他谈的是知识分子个性（intellectual individuality），这个概念跟儒学的"仁"有很大关系，可是他没有"君子""圣人"这种概念。詹姆斯有这个概念，他一直要谈"天才""天赋"（genius）"大人物"（great man）的概念，很重视大人物的影响，像英国的文学家莎士比亚、美国的哲学家爱默生，他们身上都有天才的成分。我们在了解大人物的时候，要知道中国的圣人不是排他的一个概念,你做一个圣人,是因为老百姓都在你心里,《道德经》里有一句话说,"圣人恒无心,以百姓之心为心",有这种概念。中国的圣(聖)人是一个耳、一个口,耳朵跟嘴巴是一个沟通渠道,在沟通这方面听得很清晰,然后要代表老百姓说话,他一说话就能改变世界,不是因为他很特别,是因为他代表一个时代,有这种时代的样子。所以说天才不是普通的大人物,大人物跟这个世界是分不开的。

沟通很重要,杜威很重视沟通。我们可以说詹姆斯是天才,杜威是詹姆斯的学生,同时詹姆斯是一个心理学家,所以他谈的都是内在的意识,他没有谈沟通,很少谈沟通。詹姆斯说每一个人都是独立的一个存在,因为你现在有你的思想,我没有办法知道你在想什么,所以他说这是一个隔绝的状态,每一个人有他自己的思想。可是如果这样子说,有一点过分。当然我们有我们私人的样子,可是现在你在想什么,跟沟通有关系。就像我们现在的谈话一样,我正在改变你的思想,你也在改变我的思想,有这样一个过程。所以杜威他非常重视沟通,一直要谈沟通、传达(communicating、communicate)。詹姆斯他是比较独立的,比较个别的一个思想家。

李:您跟杜威的碰撞是从什么时候开始的?

安:我给你看这个刚刚收到的奖牌——2019年约翰·

杜威学会颁发的"终身成就奖"（The 2019 John Dewey Society Outstanding Lifetime Achievement Award）。

李：祝贺您！

安：谢谢！外国的奖项跟中国的奖项有一个不同的地方，中国是给奖金，外国是给奖牌，这也很好。我很早就认识郝大维，他年轻的时候对杜威很感兴趣，所以我跟他学习，跟他往一样的方向去研究。1999年我们出了一本书叫《先贤的民主》，那本书是谈杜威、孔子与中国的民主主义。我跟杜威的相遇是从郝大维那里开始的，后来一直在研究。

李：美国实用主义从19世纪70年代产生，自皮尔士到詹姆斯，再到杜威，从它的发展来看，它属于一个美国本土的哲学，也是美国的主流思潮。

安：对，有人这样子说。可是詹姆斯跟欧洲的现象学有密切的关系，杜威年轻的时候受黑格尔的影响很大，可是最后杜威排斥黑格尔的辩证论，排斥他的目的论，排斥他的理想主义，不要黑格尔的理论框架，而是采用他的思维方法。

李：杜威的实用主义是不是更符合美国人自己的想法？

安：按照杜威的想法是这样子。实用主义的好处在于它承认我们的起点是关系，也承认我们每个人的个性不一样，所以它是和而不同的一个思想。同时美国的特点是移民国家，所以"和"是非常重要的事。如果一个时代是暴乱性的，非常乱，那实用主义就没有用武之地。在哥伦比亚大学有几个从中国来的学生，有胡适、蒋梦麟，还有冯友兰，这都是杜威的学生。所以杜威来中国的时候，他要谈他的实用主义，可是他要依靠他的中国学生来宣传他的思想，用他的思想来谈中国的情况。然而中国那个时候，马克思主义进来了，西方的自由主义进来了，所以他的思想在中国没有形成什么大的影响，最后是马克思主义成为主要的一个方向。杜威在中国对于哲学家的影响很小，因为他们关注的哲学是德国哲学，可是在教育这方面，杜威的影响比较大。

李：就目前情况来看，研究实用主义或中国哲学的还是少数，在美国的大学中，中国哲学被归属为东亚文化学科，仅有夏威夷大学哲学系有中国哲学学科，自从您离开以后，就剩下成中英先生和一位年轻的教授在研究。

安：我们原来就有两个人，是我跟成中英，现在是富兰克林·柏金斯（Franklin Perkins）跟成中英，富兰克林·柏金斯很不错，学生们都喜欢他，他也编辑我以前主编的《东西方哲学》那个杂志。所以我个人觉得还可以，最重要的是成中英要退休了，现在他已经84岁了。美国研究中国哲学的人越来越多。我在夏威夷大学的时候指导中国哲学的博士，他们都能找到非常好的工作，就业的比例比波士顿大学好。他们的机会非常好，因为现在专业哲学正在改变，所以

一 谈伦理

原来是分析哲学为主,现在中国崛起了,变成一个非常重要的声音,这对专业哲学也有影响。

李:在加州大学的伯克利分校,那里的东亚文化系大概有八九位老师研究中国文化,而哲学系就只有信广来一位老师。

安:戴梅可(Michael Nylan)和齐思敏(Mark Csikszentmihalyi),一个在历史系,一个在东亚文化系,他们都是研究中国哲学非常重要的人物,伯克利有他们这样的人才。这是一个传统,如果你在北大的图书馆找中国哲学,你不要到哲学的分类中去找,而要到宗教类那里,《易经》《论语》《中庸》这一类的都是BL,而不是B,B是哲学,BL是宗教。因为传教者把中国介绍到外国去,同时我们使用的是外国的图书分类方法,所以我们对儒学最初的了解是一种东方宗教,所有我们的书店、我们的图书馆,这些书都归在宗教类。这是个笑话,北大有120年的历史,相当于国子监,而国子监是中国的太学,太学从西周到现在已经有3000年的历史,可是北大的这120年采用的是西方的教育体系,同时西方的现代主义的词汇就变成东亚的一个词汇,我现在在北大哲学系教书,谈的是伦理学、形而上学、本体论,这些词汇都是西方的,不是中国的。中国人现在是用西方的概念结构来了解自己的传统,这个问题很大。

儒学与角色伦理学

李：您的儒学角色伦理学，特意在前面加了一个儒学，这是一个怎样的想法？也就是说，角色伦理学与儒学角色伦理学，两者会有什么不同？

安：对，最后我喜欢把它叫作"儒学角色伦理学"，因为这是中国人以家庭为主的思维方法的一个起点。如果谈你的话，你不仅仅是一个人，你是一个母亲，你是一个老师，你是一个同事，你有很多不同的角色。儒学角色伦理学，是用儒学自己的话谈角色伦理学。角色伦理学是"仁"，"仁"的意思是什么？"仁"是"从人从二"，是关系性的，是一个人对于另外一个人来说是什么角色。起点是我们的行为都是交互性的，都是关系性的，这是一个开始，这是一个事实。如果你把人与人之间的交往说成是什么关系，是母亲跟儿子的关系，是同事跟同事的关系，是朋友跟朋友的关系，

一 谈伦理

是老师跟学生的关系，这就变成一个有道德含义的表现。你是一个好老师吗？你是一个好母亲吗？这就变成伦理性的词汇了。我个人觉得，礼、体、和等中国的词汇都是伦理性的词汇。所以我的想法是，一开始称为儒学角色伦理学，表明儒学的特色，可是将来应该将它扩大，把它变成世界的文化，应该变成角色伦理学。现在我们有功利伦理学，我们有美德伦理学，我们有康德的那种义务伦理学，中国的贡献是角色伦理学。

李：所以您认为以后可以把儒学去掉，变成世界性的角色伦理学？

安：对，我看可以，这个是将来的事。

李：您那本书《儒家角色伦理学》，它讲了一套有儒家特色的伦理学词汇，如果让您找出来三个最关键的词汇，您认为是什么？

安：一个是"关系"，一个是"家庭"，一个是"仁"。在这本书中，有很多词汇，有仁、德、角色、恕、忠、义、信、礼，有不同的词。礼在这些词汇里面，是非常重要的一个，可能谈中国宗教观，中国的家庭制度，都离不开礼。在另一个方面，礼是中国的核心价值。

李：在学界有一些评论您的文章，他们担心您谈"关系"谈得太多，而忽略儒家本身的道德、德性的培养，您如何回应这样的评论？

安：对，可是我看他们是误会了我在说什么。我们现在有一个冲突，我给你举一个例子，郭齐勇一直在谈普世价值、普及价值、普遍价值，如果用中文讲这是没有问题的，如果用英文说普世价值：share values，这个很好，没有什么问题。可是"普遍"这个词是从哪里来的？"普遍"是19世纪的人把西方的 universal 翻译成的中文，所以如果普遍是 universal 的意思，中文没有 universal 的意思，它是时间、空间以外的，像西方上帝的概念一样的东西，中国传统没有这种思想。还有"超越"这个词，牟宗三过去要谈"内在的超越"或"超越的内在"，这个是糊涂的，这是用西方的二元论词汇：transcendence immanence 来错误理解中国的思想，它是柏拉图理论中的一个概念，是西方的上帝自足的、外在的、独立的一个概念，这个跟中国没有什么关系。同时，我们20世纪西方哲学自我批评是排斥超绝主义，排斥客观主义，排斥普遍主义的，现在西方把这种思维方法作为一个谬误，中国人不应该要它。

李：在儒学角色伦理学里面，关系跟道德之间怎么处理？

安："道德"是从哪里来的？这也是一个问题，"道德"的英文你怎么翻译？

一 谈伦理

李：我们通常都会翻译成 virtue。

安：可是古希腊的 arête 是我们现在西方的 virtue。virtue 是一个人的样子，可是中国的"德"跟"道"是分不开的，"道"是语境，"德"是你个人。如果你个人跟语境的关系是美好的，你就变成一个有道德的人物，可是你不是一个有德的人物，而是一个有道德的人物。所以我们用中文讲道德，就要理解中国的"德"跟希腊的"virtue"有什么不一样，我们不要太快用"鞋拔子"把中国的范畴套进西方的范畴，问题就出在这里。道德离不开关系。关系是一个事实，什么都是关系，有好关系，有坏关系，关系是道德，关系也是腐败，所以中国的问题就在这里。儒学是一个战略，我们应该怎么用关系来给它优化共享体系，我们怎么能够用它，有一些人他们说儒学不好，认为如果按儒学的话，重视关系我们就有腐败，可是相反的，腐败是一个事实，我们离不开关系。

李：关系就像一把双刃剑，有好的一面，也有坏的一面。所以我们要时刻对它有一个警醒。提到"关系"，我在光明日报发表过一篇文章《人是关系性的存在——安乐哲"儒家互系性思维"解读》，主要为了阐述您的角色伦理学和互系性思维，我将您的观点解读为"人是关系性的存在"。但是提到"关系"的时候，大家接受起来不是很舒服，因为每个人都能用得到关系，如果你有权力的话，你关系很多很好的话，可能双方竞争存在不公平现象。如果您是一个特别有权力、特别有地位、特别有钱的人，这个关系它就是一个有利的，就是对自己发展好的一个东西。所以很多人提出反对，是因为大部分人只是一个普通百姓，没有那么多关系，甚至被别人的关系所伤，产生不公平竞争或腐败现象。

安：它不一定有坏的方面，如果用得不好就坏了。如果你是我的女儿，我是北大的老师，你是一个普遍性的人，有另外一个比你聪明多了的女生，申请来北大学习，可是因为你是我的女儿，你有这个机会，她就没有了。这个结果不公平，这是腐败的一个表现，这跟"关系"有关系。所以这是腐败。可是儒学的贡献是我们怎么用我们的关系来达到文明的一个层级。

李：《论语》中有一段话："君子无所争，必也射乎！揖让而升，下而饮。其争也君子。"就是说两个人要竞争的话，要依照君子之德、君子之礼来公平竞争，如果采用不正当手段，滥用关系，私下作弊，这不是君子。

安：我们应该怎么用关系？关键是"礼"，礼貌的礼，礼跟悌也是分不开的。关系，涉及个人的脸面或面子，是特别复杂的，可能是儒学非常核心的一个概念，我们没有办法用英文来表达。礼，我们把它翻译成 ritual，典礼的意思，可是典礼跟礼不是一样东西，典礼是表面上的一个东西。同时，英文中的 ritual 平常的时候是有贬义的，如果你跟我说"你要不要参加毕业典礼"，我会说"我不去，那只是一个空虚的、没有意义的仪式（ritual）"。所以 ritual 不是好字，然而汉字中的"礼"是你跟你先祖的关系、你跟你家族的关系，它是非常复杂的、跟宗教感有关系的一个词汇。礼跟宗教有关系，跟中国传统的祭祀活动有关系。

一个圣人是利用他的关系来做事，一个君子是利用他的关系来做事，一个仁者是利用他的关系来做事，所以用你的关系做好事，是我们应该做的事。如果谈自主的概念，按照我们西方自由主义的想法，自主是排他的，是你要控制属于你自己的；可是东方的自主，按照中国人都喜欢孔子的想法，如果谁要反对孔子，谁要说孔子是坏人，我们就不喜欢他，他的思想就变成自主的一个资源。可是东方的自主不是排他的，而是有包容性的，中国人用孔子来代表一个文化传统。

在儒家这里，关系是正义的一个追求。如果不用你的关系，你是一个小人。小人是什么意思？小人不大。大是什么意思？大是用你的关系来追求正义、追求圣人的生活。他们反对我，那个是最大的误会，他们认为，如果"我"是关系构成的,就没有我,就没有我自己,这样我不舒服,我喜欢一个与众不同的我,所以不赞同"我是关系构成的"这种说法。可是,这是非常大的一个错误,如果你是柏拉图,柏拉图的"人"的概念非常简单,是"你"跟"我"是一样东西,区别是表面性的:黑头发、白头发、男的、女的、老的、年轻的,我们本质是一样的,人的本质是一样的。人有什么独特性?我们本质是一样的东西,我们不同的地方很浅薄。可是在儒学看来,你是关系构成的,你是这位先生的夫人,你是这个小孩的母亲,你是这个母亲的女儿,我们没有办法把邦妮(安夫人)送到你那边去做你的关系,你的关系的核心是你。所以如果谈独特性的话,儒家的"以关系构成的人物"比柏拉图的"人"的概念独特得多。杜威有"个人特征"这个概念,"个人特征"是从哪里来的?你的独特性是从哪里来的?它不是本身的一个东西,不是内在的一个成分,你的独特性是你跟别人的关系构成的。同时,你是一个焦点,不是一个东西,你是一个实践,是一个活的过程,是有机性的。我们现在一直在谈生态思维方法(ecological thinking method),生态不只是内在的,什么都是生态,什么都是互相性的,所以生态不是一个独立的东西,你的生命不是在你的皮肤里面,你的生命是在这个世间。

李: 您刚才说的"以关系构成的人物"可以看作一个

焦点，这个人物的关系网就构成了一个场域。是否可以理解为：这个社会是由无数的焦点和场域组成的？

安：中国的宇宙论没有什么边界，均有焦点，你是一个焦点，我是一个焦点，有这种想法。可是我们的关系哪里有一个边界？根本没有。只是有太极，有无极，没有什么系统、绝对的一个边界。我这学期开了一门课，我和学生谈的是"詹姆斯与孟子的心理哲学"，我们现在要用孟子来说明詹姆斯的思想。作为一个焦点思维，儒学在这方面比詹姆斯、比杜威讲得清楚得多，杜威要谈习惯，是一个人的习惯，没有一个灵魂，没有一个自我，没有一个意识。一个人是一个习惯，一个习惯的焦点。最后他在说什么，有一点不满足的感觉。可是儒学用礼、体这种概念谈人，也谈你的名字。你的名字不是一样东西，一个中国人的名字一直在改变，年轻的时候他们叫你什么，你长大了叫你什么，你有自己的一个号、一个字，你有一个地位，你是老师、你是谁的妻子，你是一个部门的主任，你是一个学校的校长，他们会用你的地位叫你的名字。另外，中国人的名字还有礼，你是一个母亲、一个夫人、一个长辈，有这种礼貌的称呼。你的身体也是非常重要的一部分，可以是一个焦点，你的身体是一个有机性的，所以跟这个世界有密切的关系，如果没有太阳的话，你活不下去。所以身体是一个焦点，是一个过程，而不是一个东西。

李：孟子跟詹姆斯的思想有哪些相同之处？

安：这个"孟子"是我的孟子，而不是他们的孟子，孟子说"人性善"，这是什么意思？"人性善"是什么？你一出生就是善的？这是荀子误会孟子说的话，荀子说孟子什么都不懂，因为他看孟子说人一出生就是善的。可是孟子的"性"的概念，不是一出生就有的一个东西，你一出生有"性"，那个"性"也不是内在的一个本质性的东西。仁、义、礼、智四端是关系构成的，你一出生有一个母亲，有一个兄弟，有一个故乡，有一个文化，这都跟四端有关系。你是一个叙述，可是这个叙述不是割裂的，你的父母有他们的叙述，所以你一出生，你的叙述是在另外一个叙述或更多叙述基础上的存在。孟子的"义"是什么？是因为你是关系构成的，因为有文化，因为有父母爱你，因为你是一个中国人，有一种语言，有动听的音乐，这些是描写一个人出生的文化环境。如果你按照一出生的那个样子、那个文化去生活，你就会变成一个善人。

"善"这个字非常妙。甲骨文是这样写的"𦎧"，一个"羊"一个"目"，表示看起来很美好。金文是这样写的"𦎫"，有了变化，羊的下面部分变成了两个"言"，表示两个人用吉祥的话沟通。这个"善"不是一个本质性的东西，善是一个过程，你跟别人沟通，就能有机会变强。所以，善是一个倾向，而不是一个本质上的东西。

孟子说人性善，"性"是一个"心"一个"生"。弄清楚这个"性"也是非常重要的，你的起点是什么？你的起点是关系构成的，你由关系构成。可是我们要了解孟子的"性"的概念，它是一个叙述性的东西，这也是唐君毅的说法，他说"性"是什么？"性"是一个方向，是一个自我发展的过程，它具有的变化性和不确定性，会因外力的影响而产生变化，并不是与生俱来的被给定的固有的状态。尽管"性"源自于"生"，但它并非先天赋予的，而是通过最初的"端"培养起来的。就孟子来说，人生在世是作为一种自发的产生和不断变化的各种关系的基体，通过各种关系终其一生，一个人的"性"才能被确定。

李：2015年我写过一篇文章，题目是《比较哲学视野下的孟子人性论研究——以安乐哲的孟学思想发展为主线》，谈您的孟子人性论的一个观点，您认为"性"是一种有赖于特定条件的文化产物，是个人通过文化修养所获得的成就。当时您主要强调它的文化意义，并没有过多地用"关系"去解释孟子的"性"，现在来说是一个新的观点和补充。

安：我新的一本书，武汉大学的一个年轻教授叫欧阳霄，是从爱尔兰国立大学留学回来的博士，他正在把这本书翻译成中文。在这本书中，我很仔细地谈了孟子的"性"的概念，因为它有代表性。我们要用《易经》的宇宙论来了解中国传统思想，我们不要用亚里士多德的理论来了解它。西方人用他们自己的一个想法来了解中国，这个是无法避免的，可是现在我们要好好地把我们的想法放在旁边，要让中国的文化讲它自己的话，最后的文化还是我们的。现在有中国人，还有日本人用非常简单的翻译"human being is good"或"human nature is good"来了解孟子性善论，事实上，在《孟子》里面根本找不到这个说法。孟子说："人性之善也，犹水之就下也。人无有不善，水无有不下。"水有往下的倾向，我们也可以让它往上走。可是水有就下的这个倾向，人也一样，有善的倾向。因为我们是关系构成的，你的母亲爱你，如果你回报她的爱，你就扩大了你的关系。

李：家庭关系是儒家角色伦理学的经验基础，您是非常重视的，但是现在我们有一个"天下"观，这个世界在不断扩大，人的活动范围也在不断扩大，人与人之间的交往就像在一个地球村一样非常方便，突破了传统的家庭模式，出现了虚拟家庭、模拟家庭、同性家庭、单亲家庭、丁克家庭等多种形式。以前是一个族群，后来变成了一个家族，现在就变成了一个一个的核心家庭，甚至又慢慢地出现了独身主义，看起来家庭成员是越来越少，离传统的那种家庭越来越远。您是否担心家庭关系会慢慢地淡化或者消失？

安：家庭聚会是中国的特点，今天放假，你进来北大的时候，可以看到未名湖边有很多人游玩，有的是一个祖父跟他的孙子，有的是一个儿子跟他的父亲，有的是跟自己的夫人，现在到外面去看的话，都是家庭相聚在这里。同时这个家庭不是家族，当然，按照中国两千年的传统，是以家族、氏族为主的。可是你现在上班的时候，那里有你的同事们，他们跟你的家庭有关系吗？可是他们给你的那个感觉有点儿像家庭。我现在给学生们上课的时候，教室的感觉像一个家庭，有学弟跟学姐，我是师父。在我们哲学系，老的师父应该要鼓励、帮助年轻人，感觉像亲戚一样的关系。汉朝的时候，王充在《论衡》中说"圣人以天下为家，不别远近，不殊内外"，贤圣他们要"家天下"，要把天下作为一个家，这个是他们唯一的目标。那个"家"的概念，虽然我们一直在改变，但这是一个自然的现象；虽然家庭的关系改变了，可是感觉还是一样。我们在外国没有中国这样的一个"同学"的概念，你跟你的同学们在一起的时候有什么感觉？是一辈子的关系。这个说朋友可能太淡，比朋友更重要，不是吗？你到你的山东老家那边去的时候，也是家庭的一个表现。你春节的时候回到那边去，就会加强你跟家这个概念的一个关系。所以中国人离不开家,我们就是"人家"。

有一个问题是什么?中国人那么重视家庭,重视家人之间的密切关系,可是他们对社群考虑得有一点不够。香港中文大学有一位社会学家金耀基,他写了一本书《中国社会与文化》,对中国人的社群观念有一个批评。金耀基认为,中国人的"群"的概念不够,儒家把人类共同体分为己、家和群,但是对"家"以外的"群"关注很少,"群"是一个模糊的概念,中国人对自己的家人很关心,但是同陌生人打交道时却显出非常冷漠的样子,并不把陌生人视为一个严肃的关系对象。可是我认为还有一点问题,中国人一方面对自己身边的陌生人没有什么兴趣,选择忽略他们;另外一方面却对外国人非常好客,中国人与外国人一起走路的时候,他们要停下来等你,热心地帮助你,有一个非常友好的反应。在西方,陌生人的地位被看得非常重要,我们有一个成语叫"The Good Samaritan"("好撒玛利亚人"),《圣经》里面有一个故事,一个犹太人被强盗打劫,躺在地上,路过的人都不去管他,只有一个撒玛利亚国家的人路过时,不顾一切地去帮助他。所以,"The Good Samaritan"这个概念对我们来说非常重要,如果你看到一个你不认识的人碰钉子的话,一定要赶快帮助他,这就是我们的道德观念。可是中国人看到的话,可能会说不要管,不要发生关系,同时觉得你帮助

— 谈伦理

他，你可能会受伤，也许不止是你受伤，你的家也跟着受伤，中国人在这方面有一些矛盾。今天早晨，我们走路的时候，有一位年轻的姑娘也在走路，她完全不害怕，要是在外国一个人走路有点危险，中国可能是世界上最安全的一个地方。当然，每一个国家都有"疯子"，这个一定得考虑，中国相对安全。中国人对陌生人没有什么兴趣，走路很安全，这有一点矛盾。

李：我了解这种现象，事实上中国也有很多见义勇为、舍己救人的感人故事，但是一般情况下，中国人可能会抱有"事不关己，高高挂起"的心态，因为不想介入一种陌生的关系，不想惹上一些无关的麻烦。中国人帮助外国人，一方面有主人照顾客人的考虑，另一方面觉得关系简单，帮助了以后也不会牵扯到那些复杂的关系。

安：对，中国人会有这个想法。可是按照西方人的想法，忽略陌生人这是一个不好的现象，走路的时候有必要考虑到你不认识的人，要尊敬、体贴、谦让身边的人，给他们让出一个走路的地方。也许是中国人太多，很多人不懂这些，一直在低头往前面走，碰到人也不会抬头看一眼。如果不了解这个情况，一个外国人会认为他们不受尊敬，事实上是他们忽略了你，把你当作"空气"一样。在西方，人的身体之外有一个私人空间，别人不可以进入，如果别人在这个空间碰到你,或者是关系密切要拍你一下,这是不礼貌的行为,中西方习惯不一样。中国人非常好客,可是为什么对陌生人冷漠?

李:刚才说到中国人非常重视家,而忽略了社群,但是中国人又很重视国家,以国为家,对国家的关心程度还是很强的。

安:对,可是现在的中国的"以国为家",倾向于一个地方性(区域性)概念,这是新的一个想法。

伦理学的共同价值

李：我们谈到家庭，谈到关系，都跟人紧密相关，伦理学研究的主要对象就是人，就是人与人之间的关系。

安：如果用中文讲，中国人的伦理学不需要角色，因为中国的伦理学就是角色伦理学，"伦"就是角色。所以，中国人对伦理学的了解是跟人伦有关系。有一些人他们看这个是新的一个想法，事实上，这个是费孝通的观点，我跟费孝通的观点是一致的。

李：伦理的"理"，您是怎么理解的？

安：我们第一次见到"理"这个词是在《诗经》中，《信南山》这首诗讲"信彼南山，维禹甸之。畇畇原隰，曾孙田之。我疆我理，南东其亩。"南山是个种米的地方，"理"是种米的一个动作，一个过程，就是将田地细分成南北方向或者东西方向的纹路。如果看《说文解字》，书中说

"理"是治玉的意思，可以引申为善治。

理的重要性是什么？我们谈的是天理学，谈的也是新理学。理不是人跟大自然的区别，是阴阳的一个范式。"伦"不但是一个角色，是好坏的意思，也是范畴的意思。所以，伦理学的最好的"伦"是学习，是要了解和研究人跟人之间最优秀的关系是怎么样的。可是，康德的伦理学不需要别人，他的义务伦理学跟"我"有关系，"我"的意志跟法律有关系，为别人做好事跟伦理学没有多大关系。康德的模式跟基督教差不多，按照基督教的教义，如果做上帝要你做的事，你就是好人，上帝要你做的事是跟别人有关系，但重要的是上帝的意志。康德有这种模式，最重要的是要听从你自己的意志。

李：中国的"理"的概念，比如说朱熹、二程所讲的"理"，和康德所说的这种"理"有何区别？

安：完全不一样。中国的"理"跟"气"有关，宋明理学有理气的概念，宋明理学应该是宋明理气学，张载、王夫之都非常重视气，气也是非常重要的，如果只有理而没有气，它就没有什么特别的。

李：您希望通过儒家角色伦理学来达到一个什么样的理想？

安：我个人认为中西方看待"理想"有一个基本的区

别，在西方如果谈人要达到什么理想，有一个胜利，有一个蓝图，有一个目的论，就是上帝给我们的一个理想、一个唯一的目标。做好人就是听上帝的话，活到最后一天，他要判断你是好人还是坏人，西方的"理想"有这样的一个思想。这跟中国没有什么关系，我个人觉得中国是没有一个起点，也没有一个终点站的。中国一直是"和"，我们怎么能够用主体的关系、现在的关系来构成一个最好的家庭、最好的事情、最好的国家，有这种想法。所以，中国"和"的概念跟西方的目的论处于一样的位置。中国要谈中和、中庸，我们人类怎么能够达到优化、最大化的一个目标，是审美性的一个模式，而不是理性的一个模式。西方是理性的、意志性的，以上帝为主，什么都要跟着他。可是中国是我们能够怎么用我们所有的关系来成就一个最美的生活。

李：不管是有上帝的西方伦理学，还是没有上帝的儒家伦理学，它们还是有共同追求的价值观的，比如说爱、道德等。

安：我们当然有共同的地方，我们都爱我们的小孩。可是《圣经》中有"杀子献祭"的故事，你记得吗？上帝跟亚伯拉罕说，你要把你心爱的儿子以撒带到摩利亚山上祭献给我。亚伯拉罕虽然不忍心，但为了表示对上帝的顺服，就将以撒绑在祭坛给上帝献祭。当他举起刀子的时候，上帝说不要伤害这个男孩子，我现在知道你对我的顺从了。

李：这是上帝为了考验亚伯拉罕的忠诚。在基督教中，父子之间的爱不如上帝的爱重要。

安：对，他的忠诚，是要听上帝的话。所以一个信教的人唯一最重要的事是他跟上帝的关系，家人的关系排第二位。这不是中国人的样子。

中国的特点是关系很紧密，关系很温情。对西方人来说，"个人"是非常重要的一个事，所以现在美国允许持枪，这是个人主义的一个表现，我是个人，我有我的权利，这个枪就代表我的自由，有这种疯狂的一个思维方法。中国也有疯狂的人，在每一个社会都会有疯狂的人，现在在中国有一个现象，有些疯子闯入幼稚园，杀害小孩子，有很多起这样的事件，是一个人要模仿另一个人的现象。庆幸的是，因为只有刀子，所以他的伤害有限制。现在在外国，非常恐怖的是他们的这个枪不是一个小型的枪，是杀伤力很强的武器。十年以前，美国有一次校园枪击案，一个18岁的男孩子，杀了20个小孩子，没有一个受伤的，都死了，他们身上最少的有7颗子弹，其他的人更多。所以，持枪自由这是非常恐怖的一个情况，现在美国很危险。

二 谈家庭

家庭日常

安：我们现在有两个重要的研究项目，一个是人工智能，一个是"天下"的概念。人工智能，我们都知道我们正在试着改变生活的方式，五年以后到机场去，没有工作人员，就只要刷脸，只要带你的脸就可以上飞机，人工智能发展很快，很快就会实现不需要人来操作的一个状况，所以人工智能对社会的影响我们都要想一想。第二是"天下"的概念，它是一个新的经济、政治秩序的问题，在一个时代，中国崛起，以前的政治、经济的秩序改变了，改变很大。所以这是两个非常值得研究的项目。

第三个应该是家庭，虽然这是很普通的一个想法、一个制度，可是家庭是我们现在非常需要去考虑的问题，特别是西方个人主义影响之下的家庭，所以我感觉这个是非常重要的一个题目。

二　谈家庭

李：我每次一来您家里，就会看到一个特别美的画面，就是您坐在这里工作，邦妮（安夫人）坐在那里绣十字绣，这是很自然的一个家庭，感觉却是最美的，就像一朵自然开放的花朵一样。由此我想到，每一个家都可以比作一朵花，它们盛开的颜色不一样，样子不一样，但都是很美的。

安：对，这个非常简单，我们在夏威夷的时候，家庭氛围很好，这让我感觉很成功，为什么呢？因为我跟夏威夷大学东西方文化中心的关系，为了促进美国的教育与东方和东方文化交流，所以夏天的时候他们要派一些学生来这里学习三个礼拜到五个礼拜，不同的项目团队来我们夏威夷学习。其中有日本的一个基金会要支持我们这个项目，有时我要把这些学生带到我的家里来，每次大概有 40—50 个人，有一次 75 个人，邦妮还有我的儿子以及他们的夫人要给学生们做饭，所以一个人的成就是依靠家庭。如果没有邦妮跟儿子们帮助我培养出这么好的关系，日本的基金会就不会给我们赞助，我明年要开一个会议，他们给我们 7 万美元支持这个会议。这个是因为有一个好的关系，他们常常来我们的家，跟我们一起吃饭，跟我们的家人在一起聊天，我的小儿子和他们的女儿会一起跳舞，关系很好，所以说家庭是非常重要的。在这里（北京）是比较简单，可是我们在夏威夷有一样的想法，就是以家庭为主的一个想法。

中西方家庭的对比

李：在我们看来，这种家庭关系源于自然的情感，而黑格尔认为它是一个伦理情感，是一个理性的法则，在家庭伦理中，应该将这种自然情感小心地剔除掉，以免掩盖了家庭关系的本质。您怎么理解他的这种观点？

安：我个人觉得家庭是我们人类的一个自然制度，是我们学习做好人的一个起点。因为你的母亲爱你，所以你体会到爱，这个是我们人类最基本、最基础的一个根，没有家，一个人没有办法健康地成长。如果一个礼拜、一个月、一年没有家庭的关心，一个人他就没有发展，他会受这个影响，一辈子做一个孤立的寂寞感的物体，所以说没有家庭的话就没有"人"。（李：家庭可以排除寂寞感。）不单是排除寂寞感，寂寞感是负面性的，而家庭是积极的，是最重要的一个东西。你为什么要成功？是因为你跟你的家人的关系，如果

二 谈家庭

你得了奖,而你的家人不知道,你的奖是没有价值的。所以家庭是非常重要的一个基础,我们人类的一个基础。

在西方有一个很奇怪的现象,如果要谈中西对比的话,中国从最古老的到现在的思想家一直要谈孝、一直要谈家庭,可是在西方哲学的叙述中谈不到家庭,柏拉图说家庭会坏事儿,因为不客观,所以要排斥家人,要开办一个学校,让老师教你的小孩,家庭是不需要教孩子的,西方有这样一个传统。因为按照西方人的想法,道德跟客观有密切的关系,而家庭不是客观,是主观性的一个东西,家庭不是社会秩序的一个成分,是一个例外的东西,所以他们会谈伦理,不谈家庭。如果谈伦理的话,是人跟社会的关系,是社群的一个概念,而跟家庭没有什么关系,西方有这种想法。

李: 所以在亚里士多德伦理学、黑格尔伦理学、康德伦理学等西方伦理学中,都很少谈到家庭?

安: 亚里士多德的政治学中谈到家庭。按照他的想法,"private"跟"privation"是一样的,"private"是私立的、私人的,"privation"是缺乏、缺少,它们是一样的东西,所以没有办法依靠家庭做"人",要离开家庭,到社群,到政治活动中才能变成"人"。在家庭方面,这个是中西方非常好的对比。

李: 您非常了解唐君毅先生,他说"以家为中心"是中国和西方一个最根本的区别。

安：对，唐君毅先生说得很清楚。另外，杜威很奇怪，他非常爱家人，爱他的夫人爱丽丝跟他的小孩子们，他对小孩子的教育非常有兴趣，因为他觉得如果要改变世界的话一定要依靠小孩子，到了一定年龄他们就固定了，没有办法改变了，可是小孩子还可以改变，所以他说年轻人的教育是最重要的教育。在每一方面，他对家庭照顾得都很周到。同时，他有一个概念叫"postulate of immediate empiricism"，这是说我们要按照我们最密切的经验来了解我们的生命，要依靠日常生活来了解我们的环境。这跟古希腊人的想法不一样。古希腊哲学家亚里士多德和柏拉图认为，一个人的实在是灵魂和理念，它们是不动的、不可改变的。杜威认为，什么都是实在，就连做梦也是实在的，因为没有实在的经验，就没有办法找到真理。所以，杜威觉得生活经验很重要。如果看日常生活，应该是跟家庭有密切的关系，可是最后他没有提到家庭，这是很奇怪的一件事。杜威第二次结婚的时候，他收养了两个加拿大来的小孩，他也收养了一个中国来的小孩，姓范，范清南（音），年轻人叫杜威"爸爸"，杜威叫他"儿子"，有家庭的感觉，可是最后杜威他没有谈家庭，也许这是西方哲学的一个传统，倾向于人跟社群的关系，没有考虑到家庭的因素。

二 谈家庭

从中国的角度来看，中国是整体性的一个传统。如果你去看中医，中医要问你的情况、你的感情、你跟你丈夫的关系、你跟你周围人的关系、你吃得怎么样、你睡得怎么样，要从整个环境来了解你的问题，所以是整体性的。儒家伦理学也是整体性的，角色伦理学有客观的一部分，也有主观的一部分，主观的一部分离不开家庭，同时，客观的也要来源于家庭。所以如果是你父亲的好朋友，你一定要叫他叔叔、伯伯，有把人带到你的家里来变成家人的一个想法，所以这个家庭是非常重要的。如果我们谈中国的文化传统，跟别的传统不一样，古埃及跟现在的埃及很不一样，古希腊跟现在的希腊没有什么关系，罗马跟意大利也一样没有什么大的关系，可是中国不一样，这个是因为他们有家庭这个想法。儒家的传统讲孝道，所以社会高层有知识分子，他们要通过文化传统，然后将它扩大，他们老了要传给下一个时代，是一个时代一个时代传下去的一个宝贵的东西，这是上面的一个社会群体。下面有老百姓，他们也讲孝道，他们现在的模样跟他的祖先有关系，这是表面现象，他们的价值、他们的语言、他们吃的东西、他们的习惯都是传下去的，所以有家族的思想，这个非常重要。

李：中国很讲究门第、门户，每个家族都有它的历史，很多家族会有家谱，可以知道往上数十几代甚至几十代祖先的情况。在家谱中，那些德才兼备的人、有历史贡献的人、著书立说的人，通常会被单独立传。就像钱穆先生的那个钱氏家族一样的书香门第，从唐朝延续至今已经非常庞大，因为出的名人比较多，对历史有贡献，所以受到大家的尊敬。这样的家族能够传承久远，其实还有一个像家训、家书或者是家规这样的文化载体存在，这样一代一代传递下去形成了文化共同体。

安：对，同时传递的还有名字，通常会有三个字，这个家族的人第一个字（姓氏）都是一样的，中间那个字（辈分）同一代人是一样的，第三个字才是自己的，中国人有这种习惯。如果谈"religion"（宗教）这个词，拉丁文是"religare"，它是绑定、捆绑的意思，比喻人与神之间的纽带。所以中国人用家庭是为了绑得紧，如果有上帝的一种传统，真善美是它的，所以说要跟它绑得紧。可是中国人的文化传统是一代一代传下去的一个东西，所以说这个绑得很紧的意思不一样，西方是上帝，中国是礼。"礼"是中国式的宗教感，跟西方的那种上帝为主的宗教是完全不一样的，中国人是以家庭为主的一个宗教感，这一点非常重要。

差序格局与团体格局

李：费孝通先生有一本书《乡土中国》，他在书里面讲到很多关于家庭尤其是古代家庭的一些知识，其中提到中国的社会是差序社会，爱有差等，就是您说的那个"绑得紧"，只是与不同的人之间紧的程度不一样，就是您跟孩子、跟夫人、还有父亲母亲这种关系最紧密，然后往外延伸的关系绑得稍微要松一些。而西方是团体格局，就像您说的那个"原子式个人"，个体与个体之间绑得都是一样紧，与神的关系是一样的，每个个人在神前一样平等，神对每个个人一样公道。

安：对，费孝通是非常有趣的，他是一个哲学家，有人把他叫作社会学家，有点不恰当，他读本科是在北大，硕士是在清华，然后他到英国的政治经济学院跟马利诺夫斯基（Melonocoski）读的博士，马利诺夫斯基是人类学的先锋，是非常重要的一个学者。

然后费孝通发现，中国人的家庭制度跟西方的家庭制度

差序格局与团体格局

以及中国的"人"的概念跟西方的"人"的概念差异多么大,非常需要另外一个词汇来把它表达出来,所以就出现了"差序格局"和"团体格局"这个说法。团体是个体联合在一起的,拼装一样的东西,然后有一个上帝在上面,有一个原则将他们绑在一起,所以他们变成一个团体,团体是割裂的东西联合在一起。可是他说中国的格局就像是将一个石头投到水里,水里有波纹,中国人是关系构成的,每个人是一个中心,是一个焦点,而不是一个单独的东西,所以是关系构成的、同时是差序的。一个人的生命始于一个小孩,然后是一个学生,然后是一个老师,然后是一个祖父或祖母,每一个人在每一个阶段都有不同的关系,同时社会也是这样子,是差序性的、等级性的,是有区别的。从费孝通的历程来看,"孝"这个概念是最基本的一个伦理原则,他说这种社会会创造它自己独特的一个伦理,跟西方的伦理不一样。所以我现在做这个角色伦理学也是跟着他学习,这个不是老外了解中国,而是多读中国最优秀的唐君毅、费孝通、劳思光这类学者的书,听他们说过的话,最后是让这个传统讲它自己的话,它自己的话是离不开家庭。中国所有的字多多少少都有关系,"仁"跟"孝"有密切的关系,《论语》里面说如果没有孝就没有仁("其为仁也孝弟"),有这种想法,所以家庭是中国伦理学的一个核心概念。

平等、自由与家庭关系

李：美国人追求平等，包括在自己的父母面前也要求是平等的，美国的《独立宣言》中也强调人人平等。

安：对，可是要等你到了18岁、20岁左右才能谈"平等"，因为平等跟理性有密切的关系，小孩他还没有成熟，所以那样的伦理学是排他的。伦理学要求你是一个成熟的人，小孩子和老人不算，就是中间的时候我们可以谈平等。

同时，他们看那个"平等"是不带有批评性的一个概念，平等是百分之百好的一个东西。事实上并非如此，平等不一定百分之百好，我们走路的时候年轻人让我们，因为我们是老人，上课的时候年轻人要听老师的话，一个父亲爱护他的女儿，这些不是平等的关系，所以我们人类最基本的制度跟平等没有什么关系。平等不一定是好事，一个小孩子认为他跟一个老人是平等的，这是不礼貌的一件事。

等级性不一定是坏事。在香港有我的老师（刘殿爵先生），我来中国的时候第一站是到他那里去，他很喜欢学习语言，所以我会带这方面的书，他年纪大了牙齿不行，我就带果酱之类的食物，这个不是他勉强我到他那边去的。因为没有他就没有我，我一辈子跟他学习了那么多东西，我这个人就是跟他有密切的关系。所以说老师跟学生之间就像是一个家庭，学生们对我的感情是像父亲或者爷爷，今天是我这学期最后一次课，学生们要和我照相留念，他们感觉你是他们的家人，所以这是很美好的一件事情。

李：等级还表现在家庭的"孝"之中。您在《生民之本：〈孝经〉的哲学诠释与英译》那本书里写到，一个人与他的奶奶之间真挚的感情，如果他与同学约好一起出去玩，可是他的奶奶让他留下来陪伴，他就会把那个约会推掉，然后在家里陪自己的奶奶，而且是非常开心地、心甘情愿地去做这件事情。

安：对，在《论语》里面，孔子说："色难。有事，弟子服其劳；有酒食，先生馔，曾是以为孝乎？""色难"，就是颜色的色，发自内心和颜悦色地去做，那是最难的事，你要给他们多少东西，这个无所谓，重要的是要看你的态度，看你高不高兴。我的老师他知道我来看他，他很高兴，这个是自然的一个感情。

二 谈家庭

李：但是平等的观念自 20 世纪从西方传到中国以后，对中国造成了强烈的冲击，甚至有些人将家庭看作发展平等关系的阻碍。中国有些人也认为平等百分之百是好事。从社会层面上来讲，中国政府也将"平等"作为现代社会发展的核心价值之一。

安：是的。现在政府也要谈平等，可是很多人的理解不对，事实上有另外一种平等，杜威谈得很清楚，平等是什么？一个婴儿他出生的时候，为了健康、为了长大，他有他的需要，一个老人也有他的需要，所以平等不是一样的东西，不是一个数学性的考量，是不同的人在不同的时候需要什么，那么就给他们需要的东西，这个才是平等。同时，自由是什么？自由不是负面的自由。你要做什么就做什么，这个是一种自由，可是重要的自由是什么？因为你受到很多的教育，你对吃东西会有很多的需求，你在外面吃东西的时候，没有麦当劳、披萨之类的，你就要吃日本餐、希腊餐，或者要吃法国餐。如果你得到过这方面教育的话，你有自由，你可以参加不同的经验体验，所以说这个自由是要给你自己发展选择最恰当的平台，要选择跟你的需要最恰当的关系，在这种最恰当的点做出你的贡献。自由是有负面的，也有正面的。

李：您说的这个"自由"，我觉得特别像中国古文字中的"宜",它有合适、相称、恰当的意思。

安：对，就是恰当的意思，最恰当的是你的自由。如果在每一种情况下，你能看到你独特的样子，有最恰当的一个机会，这个是自由。

李：家庭关系也跟自由、平等有关，批判传统文化的人有时就会拿父子关系、母子关系的不平等来作为例子，认为家庭的重心如果是父子关系、母子关系的话，它就会有等级性，如果家庭重心是夫妻关系的话可能就会更平等一些。

安：等级不是坏事，等级是自然的事情，问题在哪里？问题是勉强，如果等级跟勉强有关系，这就是一个问题。男的跟女的不一样，可是如果性别歧视的话就变成一个问题。如果勉强，如果不让一个人做他要做的事，这就变成一个问题。所以，有很多人他们的等级性没有什么坏的影响，可是如果在等级关系中，一个教授要勉强一个学生做什么，这就变成一个坏的关系。

消除男女偏见

李：根据古希腊亚里士多德的观点，夫妻关系是家庭关系的重心，并且父母与子女之间、夫妻之间、兄弟姐妹之间是不平等成员间的友爱关系。这种家庭中的友爱关系您是怎么解读的？

安：他的意思是什么？有很多不同的答案，我爱吃樱桃，这是一种爱；我爱我的夫人，这是一种爱；我爱我的兄弟们，这是另外一种爱，所以这个爱是一个比较复杂的东西。亚里士多德用不同的字来谈爱，一个家人的关系我们可以说是亲爱。

李：但是亚里士多德说的这个家人之间的亲爱或者友爱，好像去除了一些权威性的关系、权威性的意思，比如说，在家庭中有一个很权威的中心会让人感到压力，而这个友爱就让人感觉更舒服一些。

安：可是亚里士多德用友爱的时候有三个层次，最高层次的友爱是因为我们两个人有一样的道德，第二个层次的友爱是因为你对我有用处，最低层次的友爱是为了玩，兴趣相同。在这三个层次的友爱中，他说最低的那个是一直在改变，第二层次的友爱也在改变。可是最高的这个道德友爱，好比你的朋友就像一面镜子，是第二个我，因为我可以通过这个朋友认识我自己的那个道德的样子，同时那个道德不会改变，所以他说那个最高的、最重要的一种友爱是道德友爱。

李：他认为父子关系、夫妻关系是最理想的道德友爱吗？

安：道德友爱是朋友跟朋友之间的关系，夫妻关系是另外一种。按照亚里士多德的想法，男的跟女的不一样，男的是完整的一个人，女的有先天不足，女的不是完整的一个人，所以那个关系一定是上下的一种关系，所以男女友爱跟两个男人的友爱不一样。两个男人的友爱，区别在什么地方？柏拉图说两个男人的友爱是依靠一样的目标，我们两个人要追求一样的知识，所以我们是朋友。亚里士多德说朋友是用来确定你的道德的精神镜像，他是第二个你。这个跟儒学完全不一样，孔子说"三人行，必有我师"，他谈三人行，因为人和人不一样，所以我跟谁都可以学习。可是孔子又说

二 谈家庭

不要找不如你自己的朋友，重要的是找到你能够跟他们学习的榜样，同时他说有一些朋友们让你长进，有一些朋友让你减损，所以一定要找到让你长进的那种朋友。[①] 古希腊的"朋友"的感觉来源是同而不和，儒学是和而不同，要跟别人学习，让你长进，让你加强关系，这才是最好的朋友。儒学把家人和朋友分得很清楚，对于家人，要尊敬他们，爱护他们，可是你的朋友是你的机会，如果要扩大社会关系的话一定要找到好的朋友，你没有机会选择你的母亲、你的父亲，可是你可以选择你的朋友，所以这是非常重要的一个资源，要选择好的朋友。

李：《论语》讲要与对我们有益的朋友交往，"益者三友，友直，友谅，友多闻"，还讲到不要与便辟、善柔、便佞的人交朋友，但是没有说家人怎么样，家人是没办法选择的。

安：对，家人就是家人，所以你要对他们客气，要谦让他们。一方面家庭是一种训练，是一种学习，为了增强使你扩大社会关系的本领，可是最重要的给你扩大社会关系的不

---

① 参考《孔子家语·六本》篇，孔子曰："吾死之后，则商也日益，赐也日损。"曾子曰："何谓也？"子曰："商也好与贤己者处，赐也好说不若己者。不知其子视其父，不知其人视其友，不知其君视其所使，不识其地视其草木。故曰'与善人居，如入芝兰之室，久而不闻其香，即与之化矣。与不善人居，如入鲍鱼之肆，久而不闻其臭，亦与之化矣'。丹之所藏者赤，漆之所藏者黑，是以君子必慎其所与处者焉。"

是家人，而是朋友们，所以朋友是儒学中非常重要的一个范畴。

李：在家庭中，中国古代经常讲女性要遵循"三从四德，三纲五常"，《礼记·丧服》有一句话，"在家从父，即嫁从夫，夫死从子"。这往往被视为儒家轻视女性的证据，当然有一些学者在为儒家正本清源，就连美国学者罗莎莉（Rosenlee Li-Hsiang Lisa）也为此辩白，她在《儒学与女性》这本书中说："男女之别理解为功能上的差异，内与外并非本质区分，只是度之别，而非质之别。"伊佩霞（Patricia Ebrey）在有关宋代妇女的研究中写道，男性与女性"应该做不同的事情，或以不同的方式做同样的事情"。大部分儒家学者都相信原始儒家并不歧视女性，可是社会上还是有很强烈的反对声音。您如何看待儒家这些言论？

安：可以这样子讲，如果有一个普遍的价值是性别歧视，每一个文化传统，不管是欧洲、非洲、东亚都是这样子，为什么呢？可能是因为男的强，女的比较柔弱，最可能是女的要生小孩子的原因。可是我们需要一个进步性的儒学去看待"三从"，我们现在的时代是要跳出以前的那种偏见，抵制以前的那种偏见。"三从"是从儒学中发展出来的，可是我们也可以说基督教在16—17世纪也存在类似情况，欧洲教会猎杀女巫，将她们吊死，然后再把尸体烧掉，让整

二 谈家庭

个欧洲社会将矛头指向女性。（猎杀女巫）这是过去的一种概念，我们现在不要做这个，跟儒学不要做"三从"是一样的道理，每个文化传统要修改它自己，有一些东西要带到将来，有一些东西要留在过去，"三从"是留在过去的一个概念。

李：孔子说过"唯女子与小人为难养也"，这句话也经常被作为孔子歧视女性的一个证据。

安：对，有一些人他们要努力地说那个"小人"跟别的小人不一样，那个是指仆人，那个"女子"也是指小孩子，并不谈女性，这个说法我接受不了。孔子说的话"女子与小人难养"，这是很明显的一种偏见。可是比这个更重要的偏见是什么，就是整个的《论语》里面只出现过一个女性，而且是一个没有道德的贵族妇人（南子）。偏见是他的学生没有女性，他们都是男的。可是这是孔子那个时代的事，如果我们谈美国的宪法，它跟托马斯·杰斐逊（美国第三任总统，《独立宣言》主要起草人）有关系，如果谈美国早期文化跟托马斯·杰斐逊也有关系，可是托马斯·杰斐逊他有300个奴隶都是黑人，他去世的时候有297个奴隶，其中有一个漂亮的奴隶，他带她到欧洲去，跟他关系亲密，还有另外两个关系好的，所以他去世的时候把这三个人解放了。如果从奴隶的角度来看，杰斐逊是一个坏人，可这是他们的时代。孔子所处的时代，他们有社会阶级的区别，他们有家庭的区别，我们没有办法依靠一个人来解决所有的问题，孔子有这个想法，这个是一定的，可这是时代的一个问题，但是他有别的贡献。

同时，我们把孔子的《论语》翻译成英文的时候，会将所有的男的、女的那个语言去掉，如果用英文谈一个君子"exemplary person"，就用"he"，可是如果谈"exemplary persons"，就用"they"。所以不要用男的、女的这种区别性的语言，我们为什么要这么做？因为这是一个转折的时候，一个非常重要的需要解决的问题，就是男女的偏见、性别歧视。读英文版的《论语》，如果老师是女生，她就没有问题，可以谈君子、小人什么的，没有男女区别，所以这个是我们要往前面发展的。

李：您在翻译《论语》的时候就想到把这个偏见消除掉？

安：对，要去掉。这不是说孔子的时代没有这个问题，我们都知道历史上有这个问题，可是这是一个活的传统，我们可以修改它。孔子他自己的一个想法是儒学要"温故而知新"，是往前面走的一个传统，所以我们不要纯粹的一个古时代的儒学，孔子的那个儒学是活的，按照他的自我了解，有的东西应该及时修改，是可以变通的一个传统。

夫妻关系的忠恕之道

李：我们谈家庭一般都要谈到责任，而很少谈到夫妻关系和爱情，在这方面哲学上是一个真空。您觉得从哲学上谈家庭的话，需不需要涉及夫妻关系和爱情这些方面呢？

安：费孝通他认为这个不重要，他觉得中国没有西方那样的罗曼蒂克的需要。我有一个伯克利大学的学生，是女的，她的名字是迈克·艾伦，比较男性化，她写的一篇文章非常好，她的想法是如果君臣能做朋友，这个是最好的君臣；如果夫妇能做朋友，这个是最好的夫妇。我个人看爱情跟做朋友是分不开的，爱情是重要的一个考虑。

李：但是在谈家庭的这些哲学书里面，有关爱情的内容少之又少。您认为这是什么原因？

安：这个是为什么呢？有一次我从夏威夷要飞到芝加哥去，要飞八个小时。我上了飞机，坐在我旁边的一位老先生，那个时候他要跟我讨论，他说你今天有没有跟你的夫人说"我爱你"，我说我没有。他说他的夫人几个月以前去世了，所以他有这个感情，有这个想法，他说应该每一天都要跟她这样子说。事实上东方人不经常说"我爱你"，而是通过你做的事来表示你跟第二个人的关系，如果说用这个字说出来就没有意思，那么我个人看你做的事背后有爱情，是不需要说出来的一个东西。每一件事情，比如照顾他人、帮助他人、想念他人，可以有不同的表现方式，不一定要说出来。

这个学期我开的一门课是"詹姆斯与孟子的心理哲学"，我就发现儒家的伦理学最重要的是你怎么做，而不是你做的事，因为你怎么做涉及"忠恕"的"忠"、"真诚"的"诚"、"好学"的"好"，因为道德行为的评价标准太复杂，你没有办法说做这个是对的、做那个是不对的，要看情况，每种情况不一样。同时，没有一个对不对的选择，这个是比较好或者那个是比较好，需要想象力来了解应该做什么。所以，最重要的是你怎么做事情，而不是你所做的事，你没有办法说在这个情况之下你应该怎么办、在那个情况之下你应该怎么办，都不一样。可是你怎么做到"忠"？"忠"是很认真地、很努力地去做。如果只有"恕"是不够的，"恕"就是我能解决、我知道应该怎么做，可是还没有做。

二 谈家庭

一以贯之,"忠"和"恕"是分不开的,这是两个不同的面,是双面的概念,而不是两个东西。

"诚"也非常重要,我们谈伦理学的时候会谈选择,可是我们在家人面前没有什么选择,因为你是谁的夫人、你是谁的母亲已经确定,所以你做的事不需要选择。因为你是他的妻子、你是他的母亲,所以做的事只有一条路,而没有什么选择,我们做的事是因为在这个关系上有你的"诚"。"诚"跟"commitment"(承诺)和"resolution"(决心)有关系,我一定要做,要很努力地做,要坚定地做,这是一个态度。然后做什么?就是要看你的角色或身份。就像我是一个老师,我跟学生们的关系很好,对我来说老师是一个很高贵的位置,我很喜欢做一个老师,因为我这一辈子的尊严就是在做一个老师,这个对于我来说非常重要,所以我做的事跟选择没有什么关系,我是一个老师,我做的事就是老师的事。

李: 就像您刚才说的"自由",就是在最恰当位置看到了自己独特的样子。您认为做一个老师使您达到了自由的最高境界,是吗?

安: 对,我的自由是做老师。

家庭新模式

李： 与传统家族中的成员数量和亲属关系复杂程度相比，现在的家庭成员数量逐渐在缩小，核心家庭通常只有父母和儿女，甚至出现了很多单亲家庭，让人不免担心家庭有一天可能会消失。摩尔根（Lewis Henry Morgan）说过的五种家庭形态：血缘家族、群婚家族、对偶家族、父权家族、单偶家族，主要是狭义上的血缘关系的存在形态，可是有些学者做出了新的解释，中国学者李若晖说"儒家所讲的血缘关系，是一种模拟血缘（超血缘）"，他是从广义上去讲血缘关系。根据他的解释，由血缘、拟血缘、地缘、师缘、业缘、趣缘等联结起来的团体都可以看作家庭，或者说是模拟家庭，在这个家庭里面有人充当父亲的角色，有人充当孩子的角色，好比您是老师，您有学生，就像您是一个父亲，然后有一些孩子。如果从广义的血缘关系来看，家庭形态和范

二 谈家庭

围不是缩小,反而是扩大了。

安:是的,一对夫妇没有血缘的关系,他们来自两个不同的血缘,这个最初的血缘有它的定位、有它的位置,可是也有别的办法,我们刚刚说了你父亲最好的朋友会变成你的家人,你母亲最好的朋友会变成你的家人,这个也是扩大你的家庭的一个方式。

我不知道你的工作单位怎么样,可是如果一个健康的工作环境就会像一个家庭。我现在上课的时候感觉跟美国有点不一样,美国还是一样的一个人,我的博士学生们毕业时有一些就离开了,之后他们没有什么来往,可是也会有像我的小孩子一样的感觉。在中国,这个是非常重要的一个关系,在学生眼里,一个老师就像是一个父亲,是师父、是师母的关系。我在北大哲学系是一个普通的教授,不是老外,我个人觉得那个关系应该是老人跟年轻人那样的家庭关系。你的单位在社科院,应该是有一些老前辈要帮助你,要给你机会,要想办法支持你,所以这个跟家庭也有关系,只是家庭的关系分散了,原来是一个家族,现在单位也是一个家庭,不同的社会制度也有它们的家庭的样子。

李:现在有实体家庭,还有一种就是虚拟家庭,就像现在的朋友圈和微信群。您是不用微信的,大部分人现在都用微信,微信上有朋友圈,朋友圈有家庭朋友圈,有老师和同学们的朋友圈，同事和同事之间的朋友圈，同时还有各种类型的群，工作群、生活群、购物群、聚餐群等，有句玩笑话说"三个人之间能组建三个群"。

安：这是一个新的样子、新的模式，非常有意思，跟传统家庭的关系相似。关系很复杂，所以我不用微信，因为如果这样子做的话要花很多的时间在不同的朋友圈，每天要看，要评论，我个人觉得最好是不要在这上面花很多时间。

李：在中国，所有的话题都能联系到"家"，谈政治也要谈到家，谈经济也要谈到家，谈文化也要从家开始。古代的学术派别一般不称学派，而是称儒家、墨家、法家、兵家等，都是带"家"的。

安：对，各家道统都是离不开家的一个传统，就是学术家族的一个想法。在中国如果说家的话是非常重要的一个关系，不是"school"（学派），而是"lineage"（世系）。

家庭与礼

李：在《儒家角色伦理学》一书中，您提到："在中国文化传统中，所有关系，哪怕天地万物宇宙关系，都是用家庭关系话语来表述的。"由家庭关系扩展到天地万物宇宙关系，您能讲讲具体思路吗？

安：有一些人他们看儒学的家庭观非常重要，觉得《道德经》这一类的道家思想跟家庭没有什么关系，可是事实上阴阳、道和名是一个宇宙性的家，而不是普通日常生活的一个家，这个是扩大的。我今天跟学生们讲《孝经》，讲到"孝"的概念是宇宙性的一个概念，有点像《中庸》讲的"诚者，天之道也；诚之者，人之道也"，这个孝也是自然关系，所以我们有一个道德性的宇宙，这个非常重要。中国用家庭做文化的比喻，而且是唯一的比喻，是很聪明的一个事，为什么呢？因为这个是自然的事，如果你的孩子需要你，需要你的什么你一定要给他，你一定要想办法，家庭是要为家人付出所有，所以如果要优化一个新的交往关系的模式的话，家庭是最有效的，同时这是自然的一个表现。

李：您说中国人对家庭有一种宗教感，对家庭有着很强的依赖性和归属性。如何理解中国人对家庭的这种"宗教感"？

安：对，中国的宗教感离不开家庭，中国是以家为中心的宗教感。为什么说宗教感呢？制度性的宗教它们要把我们同化，它们要求我们的价值、我们的行为方式、我们的思想都得一样。按照我对儒学宗教的了解，它不像制度性的宗教，你是你，而我是我，你变成"仁"有你自己的一个方向、有你自己的一个独特的样子，跟我不一样。所以，如果谈"仁"，你的"仁"跟我的"仁"不一样，每一个人的"仁"都不一样。如果将我们同化了，这是暴力性的一个行为，是把我们简单化的一个想法。儒学的非正式的、非制度性的宗教感是让你做你、让我做我，这个跟宗教感有密切的关系，所以制度性的宗教是抹杀宗教感。

在我看来，一个健康的家庭不是父母告诉你的小孩应该怎么做，而是你要帮助他完成他要做的事。一个好的父母能满足孩子的两个需要：第一个需要是让他活得下去，让他不要伤害他自己，一定要让他长大；第二个需要是让他追求他

二 谈家庭

自己的快乐，如果他想做音乐，而音乐跟你没有什么关系，你不要勉强他一定要做你安排的事，比如一定要做一个大夫、一定要做一个牙科医生。我的孩子们从事的工作跟哲学没有什么关系，他们有他们自己的一个方向，所以这是让他们做他们自己的一个需要。

李：您曾说家庭是礼仪的根本来源，人是一个礼仪化的角色，进一步说"儒家角色"是一个礼仪化的角色。这句话源于您的《儒家角色伦理学》那本书："家庭情感是礼仪根本的来源，是在礼仪化人的身份角色与建制中培养出来的。"另外，钱穆先生同样认为礼跟家庭不可分割，如果有家庭，就会有礼，他说："以家庭为中心的礼仪化身份角色与关系（礼）是一种深层文化认同，不同于各地的风俗。"由此看来，礼是在家庭中培养起来的情感，然后扩展到家族、民族当中，最终成为社会关系准则。那是否意味着，家庭解体，礼就会因失去根基而渐渐消亡？

安：对，问题就在这里。你也提到了米奇·佩尔斯坦（Mitch Pearlstein）的一本书《家庭解体：美国衰落》（*From Family Collapse to America's Decline*），说家庭观念的衰退与美国经济衰退之间有密切关系，美国现在的危险就是解体、衰落的问题，这个就是美国的问题。因为个人主义的想法那么强，对家庭的关系有相当大的影响，每个人要关注到他自己

家庭与礼

的一个利益,而他跟别人的关系就比较淡、比较远,所以这个现在就变成一个非常重要的问题。美国的问题是礼不够,如果没有礼的话,社会的关系就分散了,如果分散了的话,就变成暴力性了。在美国,枪跟个人主义有密切关系,用一支枪来保护自己,这是个人的自由,不管你多么大、多么强、有多少钱、有什么权利,我有一支枪,这个是我的自由,如果你欺负我,我有反抗的办法,美国人有这种想法。美国现在这种不健康的社会最大的问题是个人主义,一开始我跟你说过,我跟博古睿的同事们认为应该用"家"作为我们非常重要的一个题目、一个话题,应该多用它,要分析它,要把中国的"礼"的概念带到外国去。那位学者说得非常对,美国面临解体、衰落,你看现在的美国在每一方面都要强加"要为了我、美国第一"这种观念,这个不单是国家的态度,也是个人的一种态度,支持现任总统的占美国人口的35%—40%,这是非常不健康的一个情况。

李:当遇到矛盾冲突的时候,按照中国人"以和为贵"的传统观念,最高境界是《道德经》上讲的那个"以德报怨",其次是孔子讲的"以直报怨",选择"以怨报怨"是下下策,所以它有一个这样的层次。

安:对,我今天跟邦妮还说,你在中国走路的时候没有什么危险的感觉,别人如果看你的话,因为你是一个外国

二 谈家庭

人，他们的意思是要欢迎你，有时候他们也会说 hello，这样子讲，听起来有一点不舒服，你为什么要这样子叫我，可是他们的意思是好奇、是欢迎你，有人情味，而不是侮辱你的意思，所以中国人现在很健康。当然每个地方都存在有问题的一些人，可是中国现在因为有这个"礼"，所以社会的那个感觉是很舒服的。

李：中国人对外国人还是非常友好的，在超市里买东西时会遇到一些黑人，他们和我们看起来生活得一样。

安：这个很难说，有好奇的成分，中国人看他们不一样。中国的传统是包容性的，面对黑人的话，中国没有这个经验，所以我个人觉得很可能是他们不知道怎么反应。在加拿大，我们没有见过黑人，所以我们也一样不知道应该怎么做，有的时候看起来是排斥他们，是因为不了解应该怎么做的问题。

李：不管怎样，第一感觉是不会用暴力去处理这些事情。如果不了解，就会离得远一些。

安：对。有一些黑人说在中国他们不舒服，有一些人这样讲，可是他们在美国也一样不舒服，没有什么区别。现在我们把偏见的事件给它自然化了，认为白种人在上面、黑种人在下面，这种想法是有问题的，不应该是这样子，这是一个偏见的社会。最聪明的人里面有白种人，有黄种人，也有黑种人，所以我们不要把现在的偏见作为一个自然的现象，要克服这个问题。

现在美国不管在什么媒体上都要敲打中国，指责中国没有办法做好事，都在怀疑中国，认为中国要做的事情一定是坏事，他们为什么有这个态度？因为按照他们自己的历史，是一个帝国性的历史，如果中国有"一带一路"，他们认为中国要做他们做的事，就是要占有别的国家，同时他们看白种人居上这个是自然的事，中国人不应该跟我们比赛，因为中国人不是他们，这样的态度是非常不健康的。

家庭与个人

李：讲到个人和家庭，在中国来说一个人的事就是一个家庭的事，古代有很多这样的故事，一个人升官整个家族就鸡犬升天，一个人犯了很重的罪，尤其是死罪，就会株连九族，这个关系就是一荣俱荣、一损俱损的关系。这种关系您是怎么看待的？

安：按照西方人的想法，如果我的父亲是一个贵族，这个是他的问题，而不是我的问题，他是他、我是我，个人主义是这样一种想法。可是中国是差序格局，什么人和事都有关系。当然我们会看情况，如果一个人犯了很严重的罪，这个是他的事，可是我理解中国为什么要将这个界定为家庭的事，同时也是"报"，中国也有报复的一个传统，如果你杀了我的家人，我一定要想办法杀你所有的家人。如果家人学一样东西，小孩子会学同样的东西，有这个想法，它有一定道理，如果按照个人主义的价值观念，不应该这样子做。有很多的东西是传统观念的一个反映，比如《孝经》说"身体发肤，受之父母，不敢毁伤"，发肤是你的父母给你的，你一定要保护它，按照中国古代的刑罚，如果你犯罪的话他们要把你身体的某一个部位切掉，要在你的脸上刻字，让社群知道你是一个坏人。可是比这个更重要、更严重的是，你的先祖"看到"你的身体带回来的时候不完整，这个不单是古代，在现在也是非常严重的一个现象。

李：所以一个中国人面对矛盾冲突他不会随便地做出很过激的行为，就是因为他考虑到自己会连累家人，甚至会连累整个家族，反而会拼命去做事向好的方向发展，让他的家族变得很尊贵，光耀门楣，时刻警醒自己不能让家族蒙羞，传统的家庭观念是这样的。

安：20世纪70年代，我在台湾的时候，我们住在一个地方，在我们的旁边有两个非常年轻的人，一个男的、一个女的，男的是美国人，女的是中国人，男的不会讲中文，女的不会讲英文。有一天，他们来我们家，跟我说他们要结婚，我跟他们说你们怎么能够结婚，你们根本没有办法沟通，他们说你要为我们证婚，我们要请你为我们证婚。我说先要跟你们谈理想，我问那个女生，你为什么要嫁给这个美

二　谈家庭

国人？她说有两个原因，第一个原因是我知道美国人对女人比较好，他们不打女人，他们尊敬女人；第二个原因是跟一个老外结婚，不会跟他的整个家人结婚，这个是单独的一件事情，我不想照顾到他所有亲戚的事情。这个非常有趣。大概十年前，我在香港的时候，这一对夫妇看到海报知道我要来演讲，所以他们来看望我。他们跟我说他们成功了，两个人结婚的时候没有办法沟通，后来他们生了一个女儿，女儿现在在哈佛大学，他们生活得很好，要谢谢我的证婚。所以有的时候每个东西都有它的两面性，一方面家人要保护你，这个是非常好的事情；另外一方面是家人会限制你的自由，个人的自由，这个也是一定要考虑的。

有一个非常重要的词"preemptive"，是超前的、先发的意思。在西方，如果谈到法律和伦理，会想到是为了解决坏的事情，坏的事情发生你要用伦理学来解决这个问题。如果你害怕你的丈夫会把你打死，你到警察局去，跟警察说我怕我的丈夫，他们会跟你说你丈夫犯罪了以后再跟我们说，现在我们没有办法去处理这个情况。可是儒学的态度是什么？我们要建立起一个社会，来确保这个坏的事情不发生，这个现象可能有它的问题，可是有很多人在看着你，这个坏的行为不是他应该做的事，他会考虑到家人、邻居等人的看法，他没有这个个人的自由来做坏事。中国的态度不是我们要创造一个伦理学来解决问题，而是要确保不让那种问题发生，所以儒学是"preemptive"的态度，这个是非常重要的事。

李：中国的家庭文化特别的深厚，有家风、家训、家书、家礼等，现在比较淡化了，您觉得这方面我们应该怎么传承下去？

安：文化一直在改变，你没有办法。如果谈保护环境，这很好，可是同时那个环境一直在改变，所以保护环境不是保护现在的环境，一方面要保护它，另一方面要让它自然地改变。我们人类的文化也是如此，文化是我们的自然，一棵树在成长，文化也在成长，我们要接受这种自然的变化。

李：现在流行复古风，校园里经常会出现一些穿汉服的学生，社会上也兴起很多读经班，像古代私塾那样背诵"四书五经"。有些人认为要恢复传统文化，就要穿上古代的衣服，要恢复古代的礼仪。您怎样看待这些现象？

安：有国学班，也有读经班。目前我还没有自己的一个想法，这样的行为在一方面有用处，在另一方面如果过分的话就不一定是最好的教育，有一些读经班他们要背诵莎士比亚的作品，这个看起来没有什么道理，为什么要这样做？可能是对大脑有帮助。背诵"四书"这个是有用处的，你年轻、小的时候背这个，你长大后碰到一个情况，

二 谈家庭

就可以想到"和而不同"等这样的一个词汇来应对、来了解,这个有用处。可是没有太多用处,如果没有时间做别的事,没有时间去学习数学、科学等一些东西,这个可能会适得其反。

家 与 国

李：我在《论语》中找出了孔子对"家"的一些评论，发现他每次说到"国"的时候，都会说到"家"，比如"丘也，闻有国有家者，不患寡而患不均，不患贫而患不安"，"在邦无怨，在家无怨"，"在邦必闻，在家必闻"，"在邦必达，在家必达"，"恶利口之覆家邦者"，"惟孝友于兄弟，施于有政。是亦为政"等。通过这些言论，是不是可以说孔子持有家国一体的观念？

安：对，这个是他的概念，把家跟国联系在一起了。汉朝的时候，王充在《论衡》中说"圣人以天下为家，不别远近，不殊内外"，圣贤他们要"家天下"，要把天下作为一个家，这个是他们唯一的目标。如果家不健康，你没有办法有一个健康的国，如果唯一的目标是要做一个国家或者一个家国，大家有一样的目标，我个人觉得应该将家扩大，最

二 谈家庭

后就变成国家。像礼，礼是一个家的事，也是一个国的事，还是一个民族的事，都是礼，民族也是一个家，就是扩大了原来的那个家。

李：对，国家就是一个扩大的家。

安：对。理想的国家治理者是父母，你们对领导们有这种感觉吗？看他们跟父母一样？

李：如果这个领导特别体恤下属，做得像个父母的样子，我们会特别地尊敬他，会将他们视为父母一样的长辈来看待。如果他们做得不好，只为自己谋私利，又对下属要求非常苛刻，我们就不会将他们看作父母一样的人。《论语》中讲"君使臣以礼，臣事君以忠"，虽然这个思想在古代影响深远，但是在现代还是有这样的遗风，如果上面对下面的同事很礼貌，相处得当，下面的同事就会对这个领导非常地尊敬。只不过现在大家的平等观念越来越强烈，上下级的归属感相对淡了一些。

安：我个人觉得中国发展起来是很快的事，以前的领导们利用他们的职位赚很多的钱，他们的家人也赚很多的钱，现在他们承认这是一个腐败的问题，而要想办法解决这个问题，如果不解决这个问题，就没有未来，没有一个发展的机会，所以解决腐败是为了老百姓。如果偷老百姓的钱，这个是欺负他们的做法。我个人感觉大学的学生是比较自由、理性的，所以他们对政府的评价跟老百姓的评价不一样，现在中国的发展不像美国，美国人对自己的政府批评得很厉害，我看在中国不是这样子。

有时候如果跟中国老百姓谈，一说你是美国人，你可以感觉到他们的反应，他们觉得美国现在好像发疯了，他们有这个看法，所以跟他们谈到现在的生活，他们说现在情况很不错，社会比较稳定，尽管车太多，堵车的问题比较麻烦，可是大体还可以，还不错。有的时候他们是用西方的理想来判断中国的实在，问题是理想跟实在不一样，我们现在的民主主义有非常大的问题，你什么都不能做。现在在中国不同的地方开车都很舒服，马路、大楼都很舒服，可是现在在美国我们有快崩溃了的感觉，马路非常不好，纽约是美国最大的城市，根本没有办法开车，那个马路很老旧。

李：现在中国有一个"美丽乡村"计划，各地都在搞美丽乡村建设，即使你到那种很偏远的山村，那里的公路都修得特别好。

安：对，我前一段时间去甘肃，甘肃是最西边的一个省份，看到那里跟北京差不多，一个叫张掖的地方，还有青海的西宁，这些地方发展得非常快。我刚刚从广东的珠海回来，路上都是新的东西，交通很方便。所以那个"自由"最后是什么意思，如果自由是你可以活得好、有好日子，你的

二 谈家庭

小孩可以受教育，你生病有医院可以去，有饭吃，有工作，有一个地方住，这些都是自由，是个人的尊严。

李：国家富强，老百姓才有好日子，显而易见，家庭跟政治是分不开的。亚里士多德说"人是政治性的动物"，这是否意味着在这个社会上没有一个人能够逃离政治？

安：亚里士多德是矛盾型的，如果谈个人主义，亚里士多德有一个问题论的回答，一个人是个别性的，他的身份是个别的，然后你可以描述他，所以在一方面他说我们是一个政治性的动物，可是在另外一方面，他要把人孤立起来，塑造成个别性的一个东西，所以亚里士多德有他的矛盾。

李：按照孔子的看法，家与国是密不可分的。有人问孔子为什么不去从政？孔子说在家孝敬父母、友爱兄弟，将这种精神扩展到政治上去，也算是从政。《孟子·离娄上》讲"天下之本在国，国之本在家，家之本在身"，《大学》讲"修身、齐家、治国、平天下"，范仲淹讲"先天下之忧而忧，后天下之乐而乐"，张载讲"为天地立心，为生民立命，为往圣继绝学，为万世开太平"，这些都是儒家家国情怀的体现。

安：对，儒家认为社会政治秩序依靠健康的家庭秩序，这种想法我完全同意。这个跟中国的家庭概念有关系，应该多谈家庭的模式，如果要扩大的话，像欧盟他们的模式是平等的国家要联合在一起，建立一个同盟。可是这不是一张合同能解决的问题，应该用家庭的关系。中国是先谈一个家，再把它扩大到国家，一多不分，那个"一"一直在改变。跟帝国主义不一样，帝国主义的"一"是一样东西，"多"是要控制他们，可是中国的一多不分，"多"跟"一"是分不开的。中国的传统社会是混合型的，佛教进来了，改变中国，中国也改变佛教，有它自己的佛教传统，像禅宗、华严宗、净土宗等。所以谈"一带一路"，应该是同样的一个模式，是家庭而不是一个合同性的模式，这比较像中国。

李：传承中国文化是中国知识分子的使命，当传统文化受到冲击时，中国的知识分子会挺身而出去保护国家的文化。像唐朝的韩愈，他就冒着杀头的危险，去指责皇帝不能使佛教泛滥，要保护儒家的道统。

安：可是如果不谈佛学，你没有办法谈王阳明，王阳明跟佛学有密切的关系，朱熹也跟佛学有密切的关系。所以一方面说佛教是坏事，它不是中国的东西，可是在另外一方面，中国人会把它吸纳进来。

李：对。中国学者的初衷是我可以接受佛教，但是我不可以接受没有我们的文化而只有佛教。

安：这是一定的，所以混合是变通，那个"通"非常重要，"变"一直在变，这也非常重要，儒家传统是活的、生

二 谈家庭

生不息的一种文化。

李：中国学者的家国情怀特别重，首先要保住本国文化的根，然后再接受其他外来文化。就像唐君毅先生、钱穆先生等新儒家，他们感慨中国传统文化的花果飘零，用自己的行动掀起了一场抢救中国文化的运动。

安：对，所以我称他们是"文化的英雄"，把他们叫作"新儒学家"是很恰当的，可是把现在的杜维明称作"新儒学家"，我不接受。"新儒学家"是那一代人的范畴，他们有他们的责任、他们的目标，可是现在我们是另外一个时代，所以应该把他们叫作"世界儒学家"。

中西方不对称的了解

安：听起来家庭是解放性的，可是如果有腐败，这是一个坏的效果。中国现在学习西方的法律制度，如果谈财政的话，要公开透明。然而西方没有学习中国的礼，这个礼也离不开家，所以西方的问题就在这里。我这一辈子学习中国文化，是为了改变这个世界的文化制度，要让它国际化。要中国学习西方，西方也应该学习中国，这是我的一个态度。

李：中国对外学习的态度很积极，也非常欢迎外国人来中国学习。中国政府会划拨很大一笔钱去资助外国留学生，在每一个留学生身上的投入大概是每年5万—9万元，而中国的学生平均每个人身上只用到了8000—9000元，中国的大学生四五个人合住一间宿舍，外国留学生住在高规格的留学生公寓里，很多大学都有单独的留学生公寓，比我们（中国的学生）要好很多，这也引起了中国社会上的一些不满和

二 谈家庭

批评。

安：对，有批评。可是我们可以把它反过来看，现在我这里的一个博士生，他要到夏威夷大学哲学系去留学，另外一个要到芝加哥大学去留学，所以我帮他们安排。他们有中国的奖学金，可是奖学金是给他们的，没有给夏威夷大学和芝加哥大学，所以美国的学校得不到什么东西，美国自己的学生们都要付钱、付学费，可是中国学生不付学费，这也是一些不公平的情况。所以我说要多了解中国的习惯跟外国的习惯，平常的时候如果你们开会，你们是两个人一个房间，我们是一个人一个房间，谁都知道两边习惯不一样，如果在西方两个人一个房间，那样两个人都不舒服。有的时候条件有点不一样，可是如果彼此了解，在中国是不对称的，可是在西方也有点不对称。

李：中国有个古老的习惯，就是要把最好的给客人。

安：这是中国的样子。所以你看我们住的地方（北京大学卡帕德公寓，位于未名湖北畔），旁边住的是美国来的一个中国人，也有杜维明，还有台湾来的一个中国人，可是他们也是外面来的老师。这个地方可能是北京最好的地方，留给外面来的人住，而不是给自己住。

李：是的。所以您觉得批评原因在于不对称的了解？

安：有道理，只是外国来的学生不要太多。中国的想法是什么？我个人觉得中国现在有一个问题，是外国不够了解中国，要想解决这个问题，就要请外国的年轻人来中国学习，把他们的理解带回去。可是要来中国的年轻人不算很多，所以政府要想办法吸引他们来中国。外国留学生有奖学金，这一方面是为了他们，另一方面也是为了中国，我有这种想法。

现在在美国，有35万中国来的留美学生，留在中国的美国学生有1.5万。35万与1.5万，数量是不对称的，所以你怎么改变（这种不对称的情况）？需要彼此了解，要让年轻的外国人知道将来中国是一个非常重要的成分，中国在经济、政治方面都有很大影响，"一带一路"的倡议没有别的国家能控制这个。每天越来越多的国家加入进来，意大利来了，德国也来了，中国的发展是一定的，让年轻人了解这个，会有越来越多的人来中国。

问题是什么？是不要着急。中国的改变多么快，一下子就发展起来，中国人自己不了解这个改变，外国人更不了解这个改变。可是他们的将来、他们的机会跟中国是分不开的。所以要慢慢地做，要想办法做好。在这方面，我认为中国的孔子学院是非常好的一个架子，可是需要改变，要把中国的国学院跟孔子学院联合在一起，要提高文化的成分。现在外国都是汉语老师，汉语老师跟文化有什么关系？事实上

二 谈家庭

你没有文化就没有办法教汉语，语言跟文化是分不开的。可是他们自己对中国传统文化的了解不算很深。

现在我们那个博古睿基金会，它不是外国来的一个单位，不是要用思想来说服中国，我是里面的一个成员，我们的目标是合作，打造一个讲台，让中国讲它自己的话。博古睿是一个有钱的人，他在欧洲长大，他的父亲在德国柏林有一个博物馆，他们要用他们的钱帮助人类创造一种社会智慧来面对未来的改变。人工智能是一个改变，现在世界的国际关系也要改变。

三 谈合作

合作关系：伙伴还是朋友？

李：人是社群性的动物，为生存和生活建立起彼此关系，也产生出大大小小、多多少少的合作。合作是一件复杂而困难的事情，在这方面您有着丰富的经验，而且善于处理合作关系，与刘殿爵、郝大维（David Hall）、罗思文（Jr·Henry·Rostmont）等学者有着十几年甚至几十年的合作经历，培养了深厚的感情，用您的话说是"相互创造了彼此"。您能不能谈谈您的合作经验，以及在合作中遇到最大的困难是什么？

安：合作是一个受教育的机会，通过这个过程把你自己扩大了。我给你举一个例子，郝大维他比我大十岁，他是芝加哥大学和耶鲁大学的博士，是一个非常聪明的人，对西方的哲学和历史都非常地了解，同时他的博士论文讲的是"怀特海与文化"。他对中国没有什么了解，我曾经带他来了中

三 谈合作

国两次,他一个汉字都不认识,对中国也没有特别大的兴趣。可是,我们一起合作的时候,他跟我学习一些,我跟他学习得更多。在我们合作的关系中,他是我的老师,我也是他的老师。我们合作写出来的每一本书,最后是我的书,也是他的书。如果我去开一个会议,有人问我这本书里面说的什么,我不能说:"这不是我的书,这是他的书"。在合作的过程中,我必须得了解我和他的所有思想,同时要学着接受他,证明他,也必须得支持他的思想。到最后,两个人合作写的一本书,就变成了你的书,把你的思想扩大了。所以,我跟他学习的时候,我对西方哲学的了解越来越多,思想方面也有进步。

跟罗思文的合作是另外一种情况,他是麻省理工学院的学生,在语言学、分析哲学方面有他的长处,对中国也有一点了解,可是不像我,我有中文知识背景,看《淮南子》等古籍书没有什么问题。我们合作的时候,也互相学习了很多。

跟刘殿爵学习是相反的,刘殿爵是汉学的权威,如果谈到中国的经典,他什么都懂,他翻译的《道德经》受到全世界的欢迎。在我们的合作中,我是西方哲学的权威,所以合作有点不一样。

我这一辈子,除了翻译《孙子兵法》这本书以外,几乎合作关系：伙伴还是朋友？

所有的书都是跟别人合作完成的，可是最近出版的《儒家角色伦理学》是我自己写的，有人问我："你的合作者在哪里？"我指着这本书说："我的合作者在里面。"因为他们会改变我的思维方法，我的书离不开罗思文，离不开郝大维。不管怎样，合作是继续做学生的一个机会，可以不断扩大你自己的认知范围，通过合作，我找到了这辈子最合适的伙伴。

李：在现实中，找一个合作者非常难，因为我们要对同一件事情感兴趣，还要共同花费很多时间在这上面，而且要善始善终坚持下来。合作过程中可能会产生一些矛盾或冲突，生意伙伴还可能涉及金钱利益分配方面的问题，很多合作伙伴原本是好朋友，最后却分道扬镳，我身边也遇到过这样的情况。所以，能找到一个长期合作的人很难，而您在这方面做得非常好，值得我们学习。

安：特别是我们搞哲学的学者，自我的感觉很强。在我们合作的时候，郝大维有他的骄傲，他觉得自己非常了不起，什么都懂，我也是这样子，觉得自己什么都懂，当郝大维要把我写的一些内容进行修改、删除的时候，我一开始就生气了。我对他的做法感到非常生气，虽然不是吵架，可是讨厌他。之后慢慢静下心来，我要想一想，要学会谦虚一点，要承认在这方面他是专家，比我更专业。合作，不是简

三 谈合作

单的一件事，我们不是一个人，可是我们要从两个人变成一个人。这里涉及中国哲学里"仁"的概念，合作是追求"仁"的一个机会。找到合适的人不容易，所以我的运气也很好。

李：合作双方要有共同意愿才行，同时也需要一颗包容心。我也是很幸运的，这本访谈录其实是我们两个人一起合作完成的，您要做自己的研究，还要在北大上课，也有很多会议要参加，在这种情况下您愿意拿出时间来跟我一起完成这件事情，真的非常感谢。我做这本访谈录的初衷，一是想让大家了解您的思想，另外也是想通过您了解一下儒学中最宝贵的资源，同时也是儒学可以贡献给世界文明的资源。记得我去年（2018年）和您说起这件事时，您很痛快地就答应了。因为太急切地想完成这个项目，刚开始的几次访谈中，每次要两个小时，中间没有间断，您非常耐心地解答我的每一个问题，后来我发现这使得您非常疲惫，所以我调整了访谈时间和节奏，中间穿插一些轻松的话题，能够持续到现在，感谢您对我的包容和帮助！

安：可是你也帮助我，你把我介绍给中国人，让他们了解我。所以，这是彼此帮助的事。我们谈的是我的思想，把我的思想介绍给中国人，这是非常好的一件事情。

李：我们知道，合作的关系是非常微妙的，涉及双方的友情和责任心，涉及双方的目标和志向，涉及平等互惠，还会有利和义的权衡，合作双方看起来像伙伴（partner），又像朋友（friend）。您如何界定这种关系？

安："friend"这个概念，有两个不同的解释。如果我们谈亚里士多德和柏拉图，他们认为友谊的基础是"同"，做朋友是因为我们有统一的价值观。亚里士多德把朋友作为第二个"我"，可以用一个朋友来肯定自己的道德，他把朋友看作一面镜子，朋友是我的一个映射，是自我认识的一种方式。亚里士多德说有三种朋友：第一种是有用的（useful）朋友，他能够帮助我做什么；第二种是追求快乐的（pleasant）朋友，没有快乐的时候，友谊也会结束；第三种朋友是道德的（good）朋友，他是最重要、最正式、最高层次的朋友，这种朋友是一个镜子，反映出第二个"我"，我可以从他那里来肯定我的方向和道德，我们从彼此那里得到的东西都是相同的。柏拉图也一样，苏格拉底是他的老师，他们师生之间要追求同一个目标，他们是依靠"同"做朋友。

中国对"朋友"的认识，完全不一样。儒家交朋友，要"友直、友谅、友多闻"才可以，如果一个人身上没有可以让你学习的地方，你就不要跟他做朋友（"无友不如己者"）。孔子讲"和而不同"，因为我们是不一样的，所以我可以向你学习，"三人行，必有我师焉"。对于儒家来说，朋

三　谈合作

友的用处是"和",是用我们的区别来扩大彼此。

如果谈合作的话,中国的合作双方可以是朋友,朋友跟伙伴是一样的,可以"和而不同"。可是西方的朋友不一样,他们之间是"同而不和"。就像郝大维和我,郝大维是郝大维,我是我,他有他的看法,我有我的看法,在我们合作的书里面,其中有我对中国哲学的看法,也有他对西方哲学的看法,我们提供的不是同样的东西,是互相学习的结果。

李:如果借用西方的观念去界定您和郝大维先生的合作的话,您们之间是朋友还是伙伴?

安:我们是伙伴,而不是朋友。

李:西方的朋友是同而不和,那么伙伴呢?

安:伙伴是"partner","part"就是你有你的一部分,我有我的一部分,我们两个是不同的部分合在一起。

李:西方的伙伴像中国的朋友一样吗?

安:对,中国的朋友之间是和而不同。《论语》中说得很清楚,孔子有一句话:"朋友切切偲偲,兄弟怡怡",如果是家人,你一定要接受他们,帮助他们,顺从他们,因为这是家庭;可是如果是朋友,要切磋,要批评,你选择朋友的时候也需要一个批评的态度。为什么?因为你的父母是你的父母,你的兄弟是你的兄弟,你没有办法选择谁来做你的父母和兄弟,只有接受。可是如果你要扩大自己,从一个小人变成一个大人，变成一个君子，就必须扩大关系。在中国，道德跟教育是同一样东西，可以通过教育来加强关系，可以通过道德来加强关系。所以，你选择什么样的人做你的朋友，这个非常重要，如果你选择的朋友仅仅是一个好人，可是没有什么思想，没有什么智慧，这会浪费你的时间；如果你到最好的大学去读书，去找有思想、有智慧的朋友，用你的时间跟他们在一起，这是受教育的一个机会，也是扩大自己的一个机会。

两个文化传统合作：
识得"庐山"真面目

安：我对西方的汉学有自己的怀疑，我看他们用的词汇跟他们的态度还不够深入。当然也有一些汉学家很有思想，像法国的汉学家于连（Francois Jullien），他是一个有思想的人，非常好。我现在开了一门课程"怀特海与《易经》"，用的课本就是他写的。他谈到中国和西方的内容都是为了加深彼此了解，他说我们必须得挖掘到谁都没有注意的一个层次，他把它叫作"the end thought"。他研究中国是为了站在另外一个文化的角度来看欧洲。如果我们两个人在同一个文化传统上，当我们辩论的时候，虽然我们意见不统一，但是两个人有共同的文化基础，可是这个基础我们看不清楚，所以我们没有办法去批评它。如果站在另外一个文化传统上，你会见到你自己最基本的思想，基本的概念，比如说你刚刚说的亚里士多德的思维方法跟中国的过程宇宙论不一样，可是一定要站在另外一个文化的角度才能看清楚你自己。

李：就像中国古诗中说的那样，"不识庐山真面目，只缘身在此山中"，站在外面才能看清楚庐山的真正面貌。

安：可是事实上苏东坡不是那个意思，有些中国人误会苏东坡说的话。苏东坡重点要说的是第一句和第二句，"横看成岭侧成峰，远近高低各不同"，他一开始说庐山，横着看你可以看到这个样子，侧着看你可以看到那个样子，远近高低各个角度都不一样。他的意思是什么？是要找到那个最好的看法，最好的看法是全景性、全面性地去看一件事，这就是中国的知识论。西方习惯去追求一个真理，那个真理是不改变的，中国人习惯去追求一个内在，我们都站在"庐山"里面，我们的立场是只有一个内在而没有一个外在，所以苏东坡觉得最理想的看法应该是全景性、全面性地去了解"庐山"。荀子批评庄子的时候，他说庄子"蔽于天而不知人"，这是荀子在《解蔽》中提到的。他的意思是什么？是说人们容易犯片面性的错误，认识不够完全，你知道这个，可是忽略了那个，有这种想法。这是中国人常常彼此批评的一个办法。全面的"全"是非常重要的一个字。

李：合作可以更全面地去看待一个事物或问题，比如说您在西方哲学方面或者是在其他方面，自己觉得研究得还不

三 谈合作

够深入，您就要与擅长这方面研究的人一起合作，然后达到一个更全面的效果。

安：对，这个比较哲学，需要深刻地了解西方哲学，深刻地了解中国哲学，用我们一辈子不够。如果不合作的话，你的宽度不够，你的深度不够，我们没有更好的办法，只有合作。如果合作的话，你就能追求比较全面的对象。

李：不只是人与人的合作，也可以是两种学问之间的合作。上一学期您讲的是"詹姆斯与孟子"，这学期讲的是"怀特海与《易经》"，是两个学问之间的合作，是中西方哲学之间的比较。

安：杜威跟詹姆斯他们是外国人，中国人看不透可以理解。我去年遇到华东师范大学的一个学者叫顾红亮，他有一本书叫《实用主义的误读》，他激烈地批评胡适对杜威实用主义的看法。我跟他说，批评胡适没有错，可是你要知道，即使是美国的学者也会不懂杜威跟詹姆斯。詹姆斯是杜威的前辈，詹姆斯也是他思想的"英雄"，詹姆斯跟杜威谈西方哲学的叙事，因为他们是"革命分子"，所以要谈的是另外一回事。问题是什么？像尼采一样，他们要谈的是另外一个世界，他们的语言不让他们讲他们要讲的，尼采也是这样子，而是一个语言要说它要说的，所以你说中文的时候，中文也要说你，会有语言方面的一个限制。不管怎么样，你的思维方法跟语言是分不开的,它要你说什么你就得说什么,有这个现象。可是詹姆斯跟杜威,他们要离开他们的传统,尼采也是,要反对他的传统,所以他们要离开他们的传统,去创造一个"以关系构成的人物"这样的新概念。同时,乔治·赫伯特·米德是一个社会心理学家,他跟詹姆斯、杜威是一个团体,他们有他们的思想,直到20世纪80年代美国人才开始了解詹姆斯跟杜威他们在说什么。所以,不只是胡适对实用主义存在误会,西方人对实用主义也存在误会。

20世纪80年代以前,美国很少有人了解杜威。杜威去世以后,谁都不去看他,一直到80年代,如果你到美国的哲学系去,跟他们说想收一个博士来研究杜威,他们会说杜威是第三等次的哲学家,教育学专业的学生才会研究他,我们这里没有人研究他。可是现在美国的哲学系,他们已经开始知道杜威在说什么。

上个学期我谈孟子跟詹姆斯的时候,我的想法跟这个学期一样,虽然孟子他的心性学很复杂,但很清楚,他的"以关系构成的人物"的概念也比较清楚。詹姆斯是新创造的想法,理解起来有点糊涂,所以我透过孟子来了解詹姆斯,这就是我们的目标。这跟以前是相反的,我们一直要用西方的价值来了解中国,这次要反过来,用中国的价值来了解西方。这个学期一样,我们不看怀特海《过程与实在》

三 谈合作

（*Process and Reality*）那本书，这是系统哲学，我们先不要管它，我们要看他最后一本书，是《思维方式》（*Modes of Thought*）。西方人对怀特海的想法也看不明白，他们会觉得非常非常难懂，可是如果从《易经》入手，了解易经的宇宙论，就可以了解怀特海的过程哲学。怀特海是第一个在西方开始讲过程哲学的人，过程哲学是一个前沿、一个新的方向，他要从本体论转到过程，这是一个创新的想法。可是在中国谈过程宇宙论的话，会比较容易理解，因为这是中国的传统。我先读《易经》的宇宙论，看看能不能帮助我了解怀特海，也许是相反的，是用中国理论来叙述西方。

李：您这样做的目的就是为了了解两个文化传统。这样读起来，会非常有意思。

安：对，也是合作，是两个文化传统的合作。

"合"与"和"的异同

李:"合"字,甲骨文的形状是"🝅",上面像个盖子,下面像个锅,搭配起来像一套蒸煮的器皿。上下看起来是两个不同的物件儿,搭配在一起又很恰当、很合适。正如《诗经·小雅·常棣》里的一句话:"妻子好合,如鼓瑟琴。""合"可以引申为两人在一起志同道合、情投意合的意思。

安:这个要继续查一查。因为如果谈到"天人合一",那个"合"不是把两个东西联合在一起,而是他们原本就没有分开,这是中国传统思想最厉害的一个方面。比如"天下",它是一个新的政治、经济秩序的概念,它的起点有一个内在,而没有一个外在。我们的国家不是个人主义性的、独立的一个东西,它们之间已经有了关系,它们是有机性的、生态性的一个整体,它们是彼此依靠的。中国跟美国不是发生关系,而是它们一直有关系,至于它们之间的关系到

三　谈合作

达什么样的深度，会产生什么样的效果，这就是"合一"的妙处。"知行合一"，不是把世界与人的经验作为两个东西联合在一起，而是使"我"与"我的世界"这两个不可分割的方面形成更深更紧密的一个整体。"天人""天下""天地""我与我的世界"等，它们之间的"合"不是简单的两个东西像盖子和锅一样放在一起，而是不分彼此的一个整体。

李：" 和谐"的"和"也有不分彼此的含义，最初是把几种食材调制成粉末，搅拌在一起的意思。儒家将"和"提升到了一个更高的层次，由物与物之间的关系上升到了人与人之间的关系，将它作为一个"极高明而道中庸"的秩序和状态。如果说"合作"的"合"是两个或少数几个对象之间形成的有机整体，那么"和谐"的"和"似乎参与者数量更多，协调性更强一些。

安：对。"和谐"的"和"是一多不分。"和"的词源与烹饪有关，原义是将两种或两种以上的食材添加并混合在一起，使那些食材互相补充，同时又保持它们各自独特的风味。"和"创造了一个更大的有机整体，每一种元素进入这个整体，都有它自身的意义，不是以其中一个为主，另外一些做陪衬。"和"这个字，原来写作"龢"，它像一个笛子，所以跟艺术、跟音乐有关，是一种审美性的、包容性的关系。如果谈音乐的话,《道德经》里面有"音声相和",用六律定调（tuning），使五声（宫、商、角、徵、羽）和八音（金、石、土、革、丝、木、匏、竹）相和，在它们之间找到一个合适的关系，就能弹奏出美妙的音乐。

李："合"与"和"之间如何区分呢？

安：这是一个很有趣的问题，这个我要再考虑一下，我想这个应该跟那些概念是分不开的，"天人合一""天地合一"等，那个"天地合一"不是先有天、后有地，然后再把它们联合在一起。天与地是动态的关系，是阴阳的关系，而不是西方二元论的那种关系。在西方传统的宗教观中，个人是绝对不可能与上帝合一的，上帝与我是绝对分开的。如果将上帝看成是与我相关的，我需要依靠上帝，上帝也需要依靠我，这就不再是我们西方的宗教。在西方，上帝是完整的，他不需要任何个人的帮助。阴阳的关系，是不分彼此的，阴离不开阳，阳离不开阴，天离不开地，地离不开天，它们不是两个单独的、分开的东西联合在一起。

当然，"合"与"和"有它们的区分。张立文先生谈的是和合哲学，他应该说得很清楚。我个人觉得"合"是分不开，同时要在关系上找到一个向度。"天人合一"不是要把天与人联合在一起去发展我们的关系；"知行合一"是通过体和用来扩大、加深、繁荣两者之间的关系。所以，我觉得

三　谈合作

"合"是分不开(insuperable)的意思。

李：张立文先生所提出的和合学,注重的是"和",他从五个方面展开论述:和生、和处、和立、和达、和爱,对于"合"没有过多的解释。可是,在您看来"合"比较重要,所以期待您写一篇新的文章,讨论一下这个问题。

社群关系的双重解读

李：人是群居动物，为了生存和生活，组建起不同的社群。在社群内部，以及社群之间，都存在着各种合作关系。宋代时中国出现了很多社学和乡约等地方性群体，狄百瑞认为这些社学和乡约的组织与实践是建立在平等、自愿、互助、协作及自治基础上的，所以他对儒家的性质做出了社群主义的判定。同时他认为，社学和乡约的作用是进行道德教化和应对地方危机，由地方自发组织，人们自愿参与，所以又具有"自由主义"特征。[①] 一般情况下，谈到社群主义，我们会强调国家、集体、社区和家庭的价值，忽略个人的权利，很少跟"自由"联系在一起。然而，狄百瑞却将儒家的社群主义和自由主义看作互动的两个传统。您对狄百瑞的思

---

① 狄百瑞认为具备以下四个特征就可称之为"自由"：积极地认同人的价值；承认相似性和差异性的存在；随时准备包容相反的观点，与他人进行开放的交谈；具有保护开放信息和交换意见的政治、社会措施。

三　谈合作

想认同吗？

安：像"自由"和"自主性"这样的说法在自由主义者那里比较常见，赞同社群主义的人经常想到的是"合作"和"责任"。自由主义和社群主义存在着根本性的一种对立，自由主义强调个人绝对性，社群主义强调个人相对性。狄百瑞是一个历史学家，他不是搞哲学的。我看过他的一本书《儒家的困境》（*The Trouble with Confucianism*），虽然是研究儒学，可是角度不一样，他是历史的角度，不是哲学的角度。郝大维和我写过一本书《先贤的民主》，在那本书中我们谈的是"孔子、杜威跟民主主义的可能性"这个问题，也谈到社群的问题。中国人对社群主义的理解偏向于促进社会的利益，而不是促进个人的权利。社会秩序不是以个人主义为中心，也不是以集体主义为中心，以个人权利为中心可能导致个人从共同体中异化出来，反过来说，集体主义者也可能拿某些社会的共同善之名来强制个人。在一个共同体中，个人的价值是通过自己独特的角色和关系来最大程度实现的。我们使用个人主义、自由主义的思想形态来跟中国人交往，这是一种失误的判断，会带来严重的后果。

事实上，对儒学研究最有趣的是一些比较哲学家。法国的汉学家于连（Francois Jullien），其实他不是汉学家，而是一个比较哲学家。美国的戴梅可（Micheal Nylan），她在伯克利大学历史系工作，可是她的哲学背景很好。芬格莱特（Herbert Fingarette）是最有哲学的一个人，他写了一部书《即凡而圣》(*Confucius: The Secular as Sacred*)，讲述孔子之道，可是20世纪70年代是汉学家的时代，人们批评他，说他的书有问题，因为他的中文不好。史华慈（Benjamin I. Schwartz）很著名，他是非常可爱的一个老头儿，一个犹太人。我年轻的时候他就鼓励我，那个时候他已经是哈佛大学的一个大人物，而我一点儿名气也没有，可是我到哈佛去，他对我非常好。在哈佛大学，学生们都笑他，因为他没有一个肯定的想法。他退休的时候，学生们做了一件文化衫，前面印着"On the One Hand"，后面印着"On the Other Hand"，因为他总是说"在一方面""在另外一方面"这样的话，他的意思是"什么都不一定"。

汉学家和哲学家的研究不一样。举一个例子来说，理雅各翻译《庄子》，哥伦比亚大学的华兹生（Burton Watson）也翻译《庄子》，看起来很舒服，可是根本不知道庄子在说什么。芝加哥大学的任博克（Brook A. Ziporyn）是一个哲学家，我的老师葛瑞汉（Angus C. Graham）也是哲学家，他们把《庄子》翻译成英文的时候，葛瑞汉做得好，任博克做得更好，因为他的语言比较清楚。

李：美国的儒学研究受到欧洲汉学的影响，欧洲从16

三 谈合作

世纪后就开始研究中国文化,美国18世纪30年代才跟中国产生来往,美国人对中国的认识最初源于欧洲汉学。所以,美国有些学者还在遵循欧洲汉学的研究方式。

安: 在欧洲,汉学是受尊敬的一个学科;在美国,哲学非常重要。葛瑞汉曾经为我们的书(《通过孔子而思》)写过一个书评,他说郝大维是一位"哲学家",我是一位"汉学家",我们合作得非常好。葛瑞汉说我是"汉学家",这对于欧洲人来说是一种赞美之辞,可是在美国,"汉学家"的称谓就变成了我的一个问题,因为我是在哲学系工作,同事们说我:"难道他不是哲学家吗?"他们认为汉学与宗教有一点关系。宗教系有人类学、历史等各种文化,可它们不专业,不是专门的历史学、哲学、社会学。在美国,学科分类非常重要。

"同而不和"与"和而不同"

李：美国哈佛大学的学者萨缪尔·亨廷顿（Samuel Phillips Huntington），他有一本书叫《文明的冲突与世界秩序的重建》(*The Clash of Civilizations and the Remark of World Order*)，他将发展中的中国视为美国最大的冲突国，认为中国正在恢复其地区霸主的地位，很有可能出现"欧洲的过去就是亚洲的未来"的情况，并且将伊斯兰文明划归东方文明，认为以中华（儒家）文明和伊斯兰文明为代表的东方文明，与渗透着文明、理性、自由、民主等西方文化因子的西方文明格格不入、无法融合，甚至注定是相互冲突的。亨廷顿的"文明冲突论"让美国人感到忧心忡忡，很多美国人对中国的发展，对儒学在西方的传播产生了排斥心理。

安：我跟亨廷顿认识，15年以前，科罗拉多学院（Colorado College）请他来演讲，同时请每个文明的代表们跟他

三　谈合作

辩论，儒学的代表是谁？他们请的杜维明、李泽厚和我。我们三个人跟他谈儒学的时候，就发现他对儒学的了解很浅薄，什么都不懂。他说儒学和伊斯兰文明最后要联合在一起，这个说法我不认同。亨廷顿好像跟里根总统有关系，同时他是哈佛大学的一个老师，有一些社会地位，提起他的时候，谁都要谈他的"文明冲突论"。这个跟中国的想法是不一样的，现在的欧盟要跟中国那样做到一多不分，一方面做一个欧洲人，另一方面做一个意大利人或德国人。中国的传统是和而不同，是一多不分，不同的民族就变成一多不分。

李：所以您认为亨廷顿的"文明冲突论"思想是不成立的？

安：对。

李：在现在看来，各种文明之间还是有对话的可能的。

安：必定有对话的可能。

李：您说的合作的思想，是不是可以应用到文明对话之中？

安：合作是合作，可是到最后中国要做中国，美国要做美国。不同的文明看法有时候不统一，可是要健康的不统一。你是一个中国人，你有你的看法；我是一个美国人，我有我的不同；我不要变成你，你也不要变成我。我们可以不统一，可是我们要客气的、要健康的不统一。所以，不同文

"同而不和"与"和而不同"

明之间不一定是合作,有的时候有矛盾,这个也好。"和谐"不是时时刻刻都顺利,有的时候有矛盾,那个最动听的音乐、最要好的关系,都存在它们的矛盾。我跟郝大维,一方面我们是非常好的朋友,另一方面我们也有我们的不统一,我们也有我们的不一样。

中国的混合性传统

李：梁漱溟先生在《这个世界会好吗?》这本书中讲到，中国文化复兴之后，将是印度文化的复兴，因为印度文化都是否定人生的内容，说人生没有价值，甚至说人生是迷妄，在人类很远的未来，会兴起印度这种风气，人对于自己的生命、生活感觉没价值，从而按照佛家的意思寻求解脱、解放。季羡林先生在《西方的没落》这篇文章中也说，中国"天人合一"的思想，印度"梵我一体"的思想，是典型的东方思想，东方的思维模式讲求事物间的普遍联系，以分析为基础的西方文明已达到顶峰，它制造了很多财富，也制造了很多环境污染和各种疾病，将来会由东方文明去解决这些问题，东方文化必将取代西方文化。所以，我们在谈东方文明时，不光要谈中国的文明，还不能忽视印度的文明。

安：他们有一点黑格尔的想法。我在香港求学时的老师

中国的混合性传统

劳思光,他受黑格尔的影响非常深。可是黑格尔文化哲学的想法是什么?是中国根本没有哲学,要从希腊开始,然后最后一站会在德国发现。可是他把文化看成一样东西,如果中国有它的贡献,是对一样东西的贡献,没有多元论的想法。梁漱溟和季羡林的想法也是这样,先有西方哲学,然后有中国哲学,最后有印度哲学。这个好像是在寻找文化的最后一站,"the end of history",看成是历史的终结。劳思光最后排斥黑格尔,因为他认为文化不是一样东西,它有多元性。儒学是混合性的一个传统,中国最优秀的思想家不只是中国哲学家。劳思光是香港中文大学的老师,那里有徐复观、钱穆、牟宗三、唐君毅,他们都是在新儒学这方面很厉害的人物,劳思光出去讲课,别人说他是香港中文大学的新儒学家,劳思光每次都要花20分钟去解释他不是新儒学家。他的意思是什么?哲学是多元性的东西,我不是一个中国哲学家,我要谈的是世界中的中国哲学。哲学有一个内在,没有一个外在,所以我不要一个"新儒学家"的称号,我搞的是哲学,哲学是多元性的,没有限制,没有国界。劳思光要做劳思光。李泽厚也是这样子,李泽厚对康德有兴趣,对马克思有兴趣,对儒学有兴趣,可是他不是康德主义,不是马克思主义,也不仅仅是一个中国哲学家,他是李泽厚。

李:您对印度的哲学或者佛教,是一个什么样的看法?

三　谈合作

安：我们习惯于将儒学和老、庄放到一起，佛教是另外一回事，把它分开来看。可是现在有一个非常大的问题，很多搞儒学和道家的人，他们受西方自由主义的影响，用西方个人主义的概念来谈儒学，来谈道家。他们把儒学作为一种德性伦理学（virtue ethics）来看，亚里士多德德性伦理的起点是"道德主体"，是"自我独立的美德"，人跟人之间是分开的、单独的、个别的，然后他们之间产生关系。可是这不是儒学本来的样子，儒学把"人"看成是"以关系构成的人物"，当然每个人有特色和个别的地方，但那个特色和个别在关系之中，而不是关系之外的一个东西。儒释道都有同样的宇宙论背景，同样的阐释语境。当然他们有不同的范围，可是佛教跟儒学基本的思维方法是一致的，不应该把它们分开来看。我用全息性、整体性谈儒学"人"的概念，有很多人说这个听起来有点华严佛教的感觉，其实这个是儒学的思维方法，孟子"万物皆备于我矣"，跟佛学"事事无碍"的概念是一样的。

李：我有一个师弟叫杨家刚，他想问问您，您对佛教有没有研究？

安：有一点，可是一个人的生命很短，我的研究重点还在汉朝。我对佛教，以及很多东西都有兴趣，可是没有时间。不过我看儒释道的阐释语境，应该是一致的。南亚的佛

中国的混合性传统

教跟中国的佛教不一样,差别很大。中国的禅宗、三论宗、华严宗,这都是被中国化的一个佛教,是中国的文化,所以跟儒学的思维方法是一致的。

李:宋代张载、二程、朱熹等一些儒学家,他们的思想多多少少都受到了佛教的影响。现在延续下来的儒学就是中国两千年来所有文化的一个混合体,它已经不是单纯的原始儒学了。

安:对,当然它的特点是混合,可是中国人对自己的文化传统有一个相当大的障碍。19世纪以后,东亚创造出一个新的语言,就是现代主义的一个语言,所以你现在讲的中文不是中国传统的那个概念结构,是我们西方的概念结构。你们要谈客观性(objectivity)和主观性(subjectivity),要谈中国的范畴和文化,这些都是新创造的词汇。现在我在北大哲学系教的形而上学、伦理学、逻辑学,这都不是中国的文化传统,而是西方的一个教育体系。所以,中国人看自己文化传统的一个障碍就是现代主义的词汇。问题在哪里?在中国人对本体论的了解,跟希腊的本体(ontology)是两回事。本体是事物背后那个抽象的、独立的、永远不改变的本质。我给你举一个例子,中国人把"culture"翻译成"文化",culture是agriculture(农业),是horticulture(园艺学),它的目的很明确,目的性非常强,你把一粒粟米放在

155

三 谈合作

土壤里,它就变成它应该变成的那个东西,它有它的潜在因子。可是"文化"是另外一回事,它不是西方那样的"culture",文化是把人类的生命文明化了,是很庞大的一个东西。西方的"culture"要谈的是音乐,要谈的是花,可是中国的文化是非常宽泛的一个概念,包含所有的东西。

四 谈宗教与宗教感

人工智能对宗教的冲击

安：有一个电视台想了解孔子对教育的态度，他们跟着我拍摄了三天时间。他们早晨四点就过来，等我醒过来，看我泡咖啡，记录我的日常生活，他们采访我，跟着我到教室去上课，带着我和邦妮（安夫人）到一个地方去穿古代的衣服。因为我们刚刚度过50年金婚，所以我们要穿那个中国式婚礼的服装。

李：拍摄这种纪录片一定很有趣吧？

安：事实上是浪费三天，有这个感觉。

李：您研究儒学，他们想知道您的生活是否也受到儒家的影响。

安：对，他们很聪明。现在如果谈孔子的话，要把他国际化。当然，孔子是中国的一个圣人，可是他也是全世界的一个文化。那是非常有趣的一个事。我们开始谈谈今天的题

四 谈宗教与宗教感

目吧,之前提到跟宗教有关系,这个很有意思。

李:您以前说过博古睿有两个重大的项目,一个是人工智能,一个是"天下"的概念。说到人工智能,刚才从北大小北门进来的时候,发现那里安装了一个"刷脸入校"的机器,我刷脸失败,就拿身份证登记了一下才进来。之前来北大,保安看我像学生,直接就能进来,结果这次被人工智能打败了。

安:他们现在检查得很严,因为观光者越来越多。外面有人来找我的时候,门口的保安要给我来个电话,我告诉他们我的工作证号码,登记一下。可是,最顺利的是那些送披萨的人,他们来去自如,没有人管。老师和学生的证件要检查,送外卖的人不用检查,这有点矛盾。

李:是啊,那些送外卖的人不检查,怎么能保证校园里足够安全?如果有人想进来,直接装作送外卖的就可以了。不过,从身边这些事来看,人工智能对我们的生活影响越来越大了。由此我就想到人工智能对宗教会不会产生冲击。最近有一本书特别畅销,是以色列的尤瓦尔·赫拉利(Yuval Noah Harari)写的《未来简史:从智人到智神》(*Homo Deus: A Brief History of Tomorrow*),他说人类未来将面临三大议题:永生不老、幸福快乐和成为具有"神性"的升级人类。也就是说,依靠人工智能等高科技,我们现在是智人,等到未来我们可能会变成不死之神。比如说我们的躯体或某个器官受到损伤，可以更换仿生的四肢、义眼、人工心脏，或是将纳米机器人注入我们的血管，只要是人工智能可以解决的问题，人就可以像神仙那样"长生不老"。从"人"一下子变成"神"，这样的话，宗教中的神会不会受到冲击或淡化？

安：这是西方人的一种想法，因为他们有人跟神的区别。我写了一篇文章谈中国传统思想对人工智能的态度。在中国，自然跟人没有严格的区别，当然有天人的关系，它是互相性的。如果看《易经》，一定要谈伏羲、神农、尧、舜，他们发明了农具，教人渔猎畜牧，治理水患，明确官职，给我们创造了生活的能力，让我们学会如何盖房子来抵挡风寒，学会如何面对和处理死去的老人。这是一种发展。每一个时代都会面临挑战，我们现在的挑战跟伏羲没有什么区别，是一类的东西。西方要谈 Artificial Intelligence（AI），我看中国要谈 NI，就是 Natural Intelligence，我们人也是自然的一部分，我们有什么区别？神和人没有区别，所以中国会有天人合一的概念。重要的是什么？是要让我们人类跟宇宙有一致性的道德。这跟教育有密切的关系。

中国的道德跟教育分不开，都是成长，道德是培养关系，让关系扩大，教育是让人长大。教育唯一的目标是让人

四 谈宗教与宗教感

长大,而不是看多少书,不是考出多少个博士,不是有多少著名的名字。这跟西方不一样。在北大的马克思主义学院,有一门课叫"道德教育",这在西方是没有的。西方的教育是客观的,一个老师没有这个权力把他的价值观强加到他的学生身上去。特别是在一个移民国家,我们人人都不一样,有不同的信仰组织、信仰结构,道德是私人的事,是家庭的事,而不是公开的,不是公共的责任。所以如果一个老师故意把他的价值观、他的看法强加到学生的身上去,那学生的家人一定要来告他,要反对他的做法。事实上这是一个虚构,我们教师都是在表演,都是把我们自己的样子给学生们看,要让他们模仿我们。所以我们的想法是一个误会,可是跟我们的道德概念有密切关系。按照西方的道德概念,道德应该是一个客观的、抽象的标准,就像我们每个人在法律面前是平等的,不管你是女人、男人,还是年轻人、老人,或者什么民族,都应该是一样的,因为这是客观的一个标准。正义女神她要带一个眼罩,因为她要用理智来判别公平,而不是用眼睛来判断是非。所以在西方如果谈家庭跟道德,它们是分开的。为什么?因为家庭的事是私人的事,我跟我母亲的关系是私人的事,所以我们要把家庭的道德做一个例外,普通的道德是客观的。这跟中国不一样。柏拉图说要排斥家庭,小孩子要离开家,到学校去,老师要给他们平等的、客观的教育。在西方哲学的叙述中，没有家庭作为一个模式；在中国，有修身、齐家的说法，第一是修身，第二个事情就是齐家，儒学讲的都是家庭，跟道德是分不开的。

李：在西方，家庭不是进行道德教育的一个模式，那么宗教对道德教育起到一定作用吗？

安：也有。每个人有每个人的宗教，有一些人也是无神主义者，可是这个是他们自己的权利。政府的工作是给我们一个抽象的标准，让我们来追求自己的价值观，政府跟教育是两回事，价值观是私人的事。所以，在西方我们把政治跟宗教分开，宗教是私人的事，在学校的时候不可以谈《圣经》，不可以谈这类的东西，因为每个人有不同的宗教。

李泽厚的"两德论"

李：李泽厚先生提出一个"两德论"，您知道吗？两种道德，一种是宗教性道德，另一种是现代社会性道德。他认为，宗教性道德就是个体的终极关怀所在，是对自己生命意义的一种选择和寄托，比如牺牲自己来爱别人，甚至爱敌如友，等等；现代社会性道德就是现代社会生活中人们所必需的伦理秩序和行为规范，也就是公共理性内化为个体自觉的道德意识。比如，一个大科学家在火灾中牺牲自己救出一个老人，这是为了人类总体生存的原则而牺牲自己，属于宗教性道德；消防员为救人而牺牲，这是他的职责所在，属于现代社会性道德。李先生认为宗教性道德对社会性道德有范导作用，儒学就属于宗教性道德，孔子对社会制度有建构作用，才能有更理想的"共同善"和"好生活"。但是他又说，宗教性道德是一种善，现代性道德是一种权利，应该持

"权利优先于善"的态度。您怎么看待这种观点？

安：他说这个是中国的想法吗？

李：全世界的、普遍性的。

安：我个人看，至少在中国没有那么大的区别，中国的家庭制度跟政府是一致性的，孝道不单是家庭的一个最重要的价值，这也跟政府有关系。人们对父母跟对他们的领导们，态度差不多是一致性的，所以中国没有这个区别。在西方我们有很明显的一个区别，宗教的德是私人德，政府的法律之类的德跟政府有关系，所以我们有两个德。我跟李老师的想法有点不一样，这是用西方来理论中国的一个想法。

李：2017年您出版过一本书叫《李泽厚与儒学哲学》，书中汇集了中国、美国、法国、英国、韩国、日本、斯洛文尼亚、波兰等国家的学者们对李泽厚先生的哲学评论，看起来您对李先生的思想关注比较多。

安：是这样子，我跟他认识很久了，我每次碰到他，他都要跟我说："一个世界，一个世界，对吗？"非常好。因为我们两个人跟唐君毅的看法一样，我们认为没有两个世界，世界价值不是从上帝那里下来的。我们人类拥有一个世界，没有人跟宇宙是分开的；真善美是文化的产品，这个文化跟宇宙也是不能分开的。我们在这个世界上，要配合大自然的行为，来优化我们的生活环境。

四　谈宗教与宗教感

李：让我们的行为与自然环境产生一个良好的互动。

安：对。我今天刚刚给李泽厚发了个邮件，因为明年是他90岁生日纪念，所以我们安排明年12月在欧洲召开一个会议，打算请哈佛大学政治哲学教授迈克尔·桑德尔（Michael J. Sandel）过去做主题发言。然后还有上海的一个基金会，专门做李泽厚的思想传播和学习，他们十年前就和我联系，说他们要赞助会议，来让大家多了解李泽厚的思想。我感觉这样子很好，李泽厚是现在中国最重要的思想家之一，所以我帮助他们联系。他的思想很好，可是别人也有好的思想，我问过基金会的人，你们要不要支持别人？他们说不要，就是支持李泽厚。有一个有钱的生意人，他一直要来支持李泽厚的思想。李泽厚是一个哲学家，这个我承认，他是有他自己的智慧，有他自己的思想，对康德很了解，可是他不是康德主义，对马克思也有了解，可是他不是马克思主义。他对儒学也一样，可是他是他自己，他是李泽厚，他是个哲学家，这就是他。

儒家宗教感的核心词汇

李：您在《儒家角色伦理学》那本书中，最后一部分写到儒家思想"以人为中心"的宗教感，其中提到儒家把"天"塑造成了一个具有喜怒哀乐、带着人格面具的形象。在《论语》中，孔子的确多次提到"天"：当颜渊去世的时候，孔子说"天丧予，天丧予"；当孔子见南子，子路不悦时，孔子说"天厌之，天厌之"；当子路派门人妄做家臣的时候，孔子说"吾欺谁，欺天乎"；他还对卫国大夫王孙贾说"获罪于天，无所祷也"。在孔子看来，"巍巍乎，唯天为大"，天是最高大的，天时时刻刻都在看着我们，我们每个人都要按照天的标准来行事，否则就会受到天的惩罚。孔子在我们心中树立起"天"这个人格神的形象，会不会跟您说的"宗教感"有密切联系？

安：我个人觉得，中国人不会说"我爱天"这类话。

四　谈宗教与宗教感

李：通常不会这样说。

安：同时你也不会说"我尊敬天",这类话也很奇怪。在中国人的观念中,先祖跟天有密切关系。"religion"(宗教)源于拉丁文 religare,而 religare 和 ligament(韧带)、obligation(义务)有同样的词源,意思是一个和另外一个绑得很紧。像西方那样的宗教,因为上帝是真善美的来源,所以我要跟他绑得很紧。可是在中国,我曾经跟你说过了,中国人春节的时候,都要回到老家去,用一个礼拜甚至两个礼拜的时间,跟家人一起吃饭,跟邻居聊天,跟老师们、同学们见面,这也是绑得很紧。如果在中国谈宗教,最重要的字不是"天",而是"礼",礼貌的礼,这也是绑得很紧的一个办法。"礼",恐怕是儒家"以人为中心"宗教感中的最重要词汇。可是"天"也有它的位置,在这样一个文化语义环境中获得一种角色,是一个祖先性的、令人敬畏而向往的、文化性的、自然性的"天"。《论语》说:"人能弘道。"可是如果你看中国的《论语》《中庸》这类的书,最后他们谈圣人、至圣先贤的时候,"天"的面目是孔子,孔子是日月,孔子是山川,孔子是四季的转变。他们把圣人作为"天"。我写了一篇文章,叫《儒学宗教感——人能弘道,圣人能继天立极》,这是朱熹的一句话,我的意思是什么?"天人合一"是一个带有儒家宗教感的词汇,不只是人从天那里得到什么东西,还是圣人对天的扩大。所以如果谈文化的话,这是双向的,是人能弘道,圣人能弘天。

"天人合一"是儒家宗教感呼唤出来的一个人人皆知的词语,它表达着令人敬畏而向往的高远与人类平凡经验之间的互系不分,文化与自然域境同人类思想生活之间的互系不分。天地、天人也一样,既是一也是二。就天人二者的不分关系而言,它的蕴意既是践行也是历经,既是改造也是被改造;它既是双重也是断然的构成关系。显而易见,人是在这样的关系中,得益于先祖、令人敬畏而向往的高远之处、自然的源泉;一言以蔽之,它即是"天"。"天"为人类提供着一个生机盎然的域境,作为人效仿与崇敬的楷模。不过,因为天人关系是无可置疑相互依赖的,我们势必要问:人在这样天人关系的修身中能得到什么?天在与人的不分关系中能得到什么?我的看法是,在这些古代儒家经典中,圣贤不仅以人之经验引导时代进步,而且对"天"的道德内涵也不断扩大,达到弘天地之道的境界。换句话说,相对浑然的"天"观念,在圣人鲜活的生命之中,变得宏大,变得直白。我要强调,人不仅能弘道,而且圣人还可以"继天立极"。

李:中国人说到"天"的时候,经常会提到"天命",就是天赋予人的神圣使命。知天命、畏天命、顺天命,是儒家思想的特点。

四 谈宗教与宗教感

安：对，"命"这个概念是我们人类最没办法影响的一个情况，这是我们能力以外的一个东西。事实上，中国的命跟西方的 fate 也不一样，有很多人把它翻译成 fate，可是 fate 是决定的、确定的、无法改变的一个东西。中国的"命"你还可以选，可以改变，如果你的人改变，你的命就会随之改变，中国人有这种的想法。如果算命算得不好，那就去做好人，多做好事，过了一段时间，再回到算命人那边去看看有没有变化。

李：对，《易经》中有"改命"的说法。当一个人去算命，结果不是很好的话，他会想各种办法，比如通过调风水、补五行或者行善积德等方式来改变他的命理。信奉宗教的西方汉学家研究儒学，通常都是以"天"作为研究的开始，他们以为中国把"天"看得非常重要，像西方那样，把 heaven 或 god 当作一个核心的观念。后来有些学者改变了这个看法，他们发现中国的核心观念是"礼"，所以转向研究"礼"。

安：我个人觉得他们还没有认识到这一点。一开始是传教士来中国，因为他们的宗教是从上帝开始的，所以他们要看中国文化里面有什么东西可以代替他们的"善"的概念，代替他们的"上帝"的概念。最后他们找到"天"像他们的"上帝"，然后就把西方的"上帝"跟中国的"天"联合

儒家宗教感的核心词汇

在一起。这样做最大的问题是什么？是中国人谈他们自己的宗教的时候，他们要跟着西方的传教者看中国的"天"和中国的"上帝"的概念，看它们有什么含义。事实上它们有关系，可是核心性的概念就是"礼"。我从来没看到别的汉学家说"礼"是最重要的一个概念，他们多多少少是把"天"作为那个最重要的概念。

李：芬格莱特（Herbert Fingarette）写过一本书《孔子：即凡而圣》（*Confucius: The Secular as Sacred*），讲述孔子所设定的"礼"是带领人类通往和谐社会的最佳途径，中国人是一个礼仪化的人类社群，等等。

安：对，我知道，芬格莱特是个例外，他把"礼"作为一个非常重要的东西。他的那本书没有"义"这个概念。他的书中讲到礼仪，可是没有讲到礼义，义是非常重要的一个考量，义跟宗教也有关系。义的来源跟中国传统的祭祀有关系，古体字写作"義"，从"羊"，从"我"，"羊"是古代祭祀用的牺牲，通常有吉利的含义。牺牲是举行祭祀用的祭品，把它放在恰当的位置，参加祭祀的人要站在恰当的地方，我们都应该表现出非常尊敬的样子。一方面，义是为了成就人的关系而选择的最恰当的行为、最恰当的判断，以及恰如其分的社会身份，它具有一种神圣性。同时义跟儒家宗教感有关系，不是普通的关系，是神圣性的一种行为。

171

四　谈宗教与宗教感

李：我记得您将"义"翻译成是"authoritativeness"（权威）。

安：不，那个是"仁"，我把"仁"翻译成"authoritative person"，把"义"翻译成"appropriateness"（恰当性）。以前的翻译家他们把"义"翻译成"righteousness"（正直）和"meaning"（意义），较少的时候翻译成"rightness"（正确性）和"morality"，现在他们都跟着我用"appropriateness"。

李：适宜的"宜"，您翻译的也是"恰当性"。

安：两个都是，"义"和"宜"，语言学家说它们最初可能是一个字，都是包容性的。"appropriate"的拉丁文意思是"使成为自己的"，"礼"就是你一定要参与进去。孔子在《论语》里面说："闻义不能徙，不善不能改，是吾忧也。"听到义的事情，就要徙而从之。中国人的想法一直是把自己包括在内，所以"义"也包括我的立场在内，使之成为自己的。中国的"正义"这个概念，不是西方的那种客观的、他们的正义，是包括"我"在内的一种正义。"礼"跟"法"有什么区别？"法"是一个客观的东西，可是"礼"是我自己的东西，是个体、个别的一个关系。你是父亲的女儿，即使是你的姐姐或妹妹也没办法代替你的位置，这是"礼"。"礼"跟"法"的区别，就在于"礼"是我自己的关系，而不是别人的关系。"礼"是"绑得很紧"的概念。

爱默生对基督教的批判

李：西方有宗教，中国的儒学没有成为宗教，而是有一种类似于宗教的宗教感，您认为这是否跟中西方不同的生死观念有关？

安：有。最重要的区别是在什么地方？我个人觉得中国儒学的宗教感，不是制度性的。在西方，爱默生、杜威两个人的思想接近宗教感。爱默生写过一篇文章，叫《论中世纪宗教》。1830年，他从哈佛大学的神学院毕业，开始做唯一神教的牧师。因为要求改革圣餐仪式遭到拒绝，他就辞去了牧师的职务，开始到处演讲。1838年，哈佛大学邀请他参加神学院学生的毕业典礼，给他们做演讲，他的演讲题目是"神学院致辞"。他非常有趣，他说历史上的基督教有两个非常严重的错误。

第一个错误是，他们把耶稣作为一个神。爱默生认为，

四　谈宗教与宗教感

他们错了,耶稣不是神,而是人,是我们的榜样。如果你把耶稣作为一个神,我们只能崇拜他,而没有办法跟他比,没有办法去爱他。可是他做耶稣做得那么好,全世界因为有他而改变了,跟孔子一样,他是一个好人,是我们的一个榜样。耶稣的榜样不是我们要做耶稣,而是我要做我,你要做你,要独自去做,拒绝效法他人,爱默生有这种想法。这跟普通的制度性宗教的区别在什么地方?普通制度性的宗教要求你跟我有一样的思维方法,有一样的价值,有一样的生活方式,他们要把我们同化掉。可是真实的宗教是每个人要追求他自己的理想,那个理想不是一般性的理想,是每个人因他自己的条件、环境、关系而产生的理想。爱默生、杜威也一样,他们比较倾向于中国的宗教感,中国的圣人是每个圣人都不一样。如何做一个仁者?孔子回答学生们的时候,每次给出的回答都不一样。颜回做仁者跟子贡做仁者不一样,孔子要帮助他们成为他们自己。樊迟两次问仁,因为樊迟改变了,所以孔子的两次回答也不一样。儒学的宗教感跟爱默生谈的宗教感是一样的,所以他要排斥历史上的宗教,要往中国这个方向的宗教感发展。

第二个错误就是他们把上帝的启示说成很久以前给的或做的什么东西,仿佛上帝死了似的。爱默生认为,神学院的年轻人都很快要做牧师,礼拜天到教堂去的时候,跟人讲话的时候，不要谈到两千多年前的上帝，因为上帝不是昨天的事，是今天的事。用奇迹改变一个人是对灵魂的亵渎，一个真正的改变，一个真正的基督，要一如既往地通过接受美的情感来打造。牧师们在宣教的时候，要谈到爱情，谈到花香，谈到日常生活，谈到他们的价值和需要，宗教是活的一个东西，而不是两千年前的上帝还活着。爱默生的想法是什么？是我们每个人追求我们自己理想的时候，就变成上帝的一部分。上帝没有一个独立的、外在的存在，上帝与我们共生。所以这跟中国的宗教感有相似的地方。

李：对，非常像。荀子说："涂之人可以为禹。"禹之所以成为禹，就是因为他实行仁义法度，普通人也有了解仁义法度的资质，只要专心学习，积累善行，都可以成为大禹那样的圣人。

安：荀子的意思不是这样。他的意思是什么？不是每个人有这个成分，有这个本质。他们谈的不是人性的概念，他谈的是我们每个人自身的情况，有做尧舜的可能性。如果你说话是尧舜的话，你做事是做尧舜的事，你就是尧舜。他的意思不是本质性的一个人的概念，有很多人误会孟子、荀子说的话。

《论语》与《圣经》的比较

李：之前我写过一篇文章《家庭中的"孝"》，谈到您对《孝经》的看法。您是以《圣经》为参照来进入《孝经》世界的，因为《孝经》和《圣经》都是以亲情为主题，所以您把《孝经》放到了同《圣经》一样的位置上，觉得它对中国人来说非常重要。《圣经》里面讲亲情，讲孝顺父母，《孝经》里面也讲孝顺父母，对于宗教和宗教感而言，两者有什么样的区别和联系？

安：这是非常有趣的一个事情。关于犹太文化传统跟中国的文化传统，我可能已经跟你说过了。如果谈古代的希腊跟现在的希腊国家，它们之间已经没有什么关系，文化断裂了。古代的罗马、意大利、埃及跟现在的埃及、伊朗也有这种断裂的现象。如果跟中国传统比起来，最接近的可能是犹太文化，因为犹太也是一个以家庭和社群为主的民族，每一个时代都过着"礼化"的一种生活，每一个时代都要扩大他们的经典《托拉》和《塔木德》，要注释它们，分析它们，学习它们，要好好地、深刻地了解它们，要把自己的思想加上去，用来面对一个时代的问题，到了一定年龄就把这个任务交给下一代人，让他们把经典传承下去。犹太跟中国有一点像，中国表现在什么地方？有两个层次，两个层次都是家，一个是儒家，一个是家族。儒家是儒，是我们学者在每个时代要把注释的传统传下去，家族有孝道，他们要继承先祖的价值文化的样貌，而把它传下去。这是非常具体的一个过程，是一个时代一个时代传下去的过程。基督教没有这种习惯和传统。基督教到了一定时代就变成了个人的一种宗教，而不是家庭和社群的宗教，特别是在马丁·路德发起德国的宗教改革之后。

李：在美国联邦法院的大门上悬挂着孔子、摩西和梭伦的雕像，他们被称为"世界立法始者"。这个情况您注意到了吗？

安：在外国他们谁也不知道这是为什么，中国人会谈到这个，也许他们只是要表示包容性的一个态度。孔子说："听讼，吾犹人也，必也使无讼乎。"我们最好的情况是没有法律，如果做得好的话，我们就不需要法律。当然我们现在必须得有法律，可是我们的目标是跳过法律的需要，用礼来

四　谈宗教与宗教感

跳过法律。

李：《论语》和《圣经》都有一定的道德规约性。在一次世界宗教大会上，英国的神学家托马斯·杰克逊将孔子的"己所不欲，勿施于人"的这条箴言称作"黄金道德律"。法国1793年所颁布的宪法中，有同样意义的表述："自由是所有的人做一切不损害他人权利之事的权利。"《圣经》中有同样的话语："你不愿意别人如何对待你，你就不要以同样的手段去对待别人。"1993年《走向全球伦理宣言》指出："'己所不欲，勿施于人'或者换用肯定的措辞，即'你希望人怎样待你，你也要怎样待人'，应当在所有的生活领域中成为不可取消的和无条件的规则。"就目前国际社会来看，他们对孔子和《论语》的权威性给予认可，像这样的"黄金道德律"是不是可以起到法律那样的规制作用？

安：对，这是1993年在芝加哥举行的世界宗教大会，同时他们做了什么？他们看到一共有十个宗教，包括儒教在内，最后说我们都一样，有一个上帝，所以我们要拜上帝。事实上，那个上帝跟儒学没有什么关系。《论语》和《圣经》的区别在什么地方？"黄金道德律"（the golden rule）这个概念，是"善待他人"（do unto others），我希望你给我什么，我就应该给你什么。可是中国是相反的、负面的（negative）、否定的。西方的起点是有一个上帝，有一个应该做事的标准，英文叫 righteousness（正直）。"righteousness"是按照上帝要你做的去做。所以仁义的"义"，原来的翻译是 righteousness，因为他们是传教士，他们看中国人不是恰当的关系，而是你跟上帝的关系，所以他们把"义"翻译成 righteousness，这是我们排斥的一个译法。现在汉学界多多少少要用 appropriateness（恰当性）。"黄金道德律"没有问题，因为我们有一个标准，就是《圣经》说的："你们愿意别人怎样对待你们，你们也要怎样对待别人。"（Do unto others, as you would have them do unto you.）我们两个人都有一样的标准，这没问题。可是在中国没有这个标准，没有上帝。所以中国的想法是什么？如果我了解你要的跟我要的是一样东西，这个有点骄傲，要把你作为我的参照。中国的看法是"恕"，忠恕的恕，要从你的立场来看情况，将我的看法和你的看法联合在一起。所追求的一个标准，需要想象力，需要我用我的经验和我的受教育情况来了解别人的需要，了解别人的价值和他们的看法。中国是从最基本的做起，我们虽然没有标准，最少我知道我不希望做的事情我也不应该把它强加给别人。这只是一个起点，在此基础上我们每个人都不一样，所以恕是很难做到的事，面对不同的情况、不同的人，恕都不一样，没有一定的、唯一的标准。

李：这几次来采访您的时候，我一般到北大门口的时间

四 谈宗教与宗教感

是1：40，今天因为"刷脸系统"，保安说我要给您打电话才能进去。我就想当时您可能在休息，以前我每次都会自己想办法进来。我们约的是2：00，为了不打扰您休息，我一般都在楼下等着，到1：55才打电话让您开门。这就是我选择的"己所不欲，勿施于人"的一个做法。

安：事实上，因为你要来，我和邦妮会早点吃中饭，我1：00到1：30会休息。平常有人来找我，他们常常要给我来一个电话，我跟保安说让他进来，所以你下一次打电话没有问题。

李：北京我也是比较熟悉，因为我在这边读的硕士和博士，在中关村待了7年，所以自己能解决这些小问题。

儒学与基督教的互动

李：南乐山先生（Robert Cummings Neville）是美国的著名学者，也是"波士顿儒家"的代表人物，他写了很多书，比如《在上帝面具的背后》《波士顿儒学》《礼仪与尊重》《清教徒的微笑》等。

安：对，我跟他是老朋友，他也给我写了一本书，讲的我和郝大维、江文思的合作。可是我这里只有一本，所以没有办法送给你。

李：没关系。从这些书中来看，南乐山对于儒家和基督教的发展关系特别乐观，认为它们之间存在特别多的共同点，其中一点就是儒家和基督教的"创造力"（creativity），您也经常提到儒家思想的创造力。

安：在一方面，我和他最大的阻力，就是他信教而我不信，可是他也是非常包容性的一个人，他对基督教的看法不是教条性的，而是创造性的。另一方面，因为他是搞宗教的，所以他对"礼"的感情很深厚，另外他的"仁"的概念跟我所说的 human becomings（以关系构成的人物）的想法是一个方向。

李：南乐山认为，上帝是世界的创造者，从"无"中创造出所有确定事物，这属于本体论上的创造力。周敦颐《太极图说》中有一段话，"无极而太极。太极动而生阳，动极而静，静而生阴，静极复动。一动一静，互为其根。"从这段话中，南乐山认为儒家也是持"有或太极从无中产生出来"的观点，这是儒家的宇宙论，它与基督教的宇宙论有相通之处。

安：这就是信教的问题，他们一直要找到基督教在另外一个传统上的东西。西方 creations（创造天地）是"从无生有"的一个概念，中国没有这个概念，中国只有"有"跟"无"、"有极"跟"无极"，有极跟无极的关系不是无极创造有极，而是有极没有一定的边界。中国一直是没有一个上帝那样的概念，从无生有，什么都是从他那里来的，他创造那个世界的时候只有他，我们最后什么都不是，因为上帝是自足的、完整完美的、永远存在的。如果问意义（meaning）从哪里来的？西方宗教是从上帝那里来的，而中国是从我们的关系中来的，我们彼此共享的时候，就扩大了这个宇宙的意义。文化是从哪里来的？文化是人跟宇宙、天地合作，创造出来的一个审美的、有价值的生活。

李：那南乐山先生是不是也像其他传教士那样，把中国的儒学看成第二类基督教？

安：他不是那样普通的传教者，可是有一点这样子，我个人觉得他是一个非常好的人。对他来说，基督教是非常重要的一个成分，是他自己的一部分，所以他要把中国跟他的那个想法拉进来。

李：他有很多的成果，您觉得最值得关注一本书是什么？

安：《波士顿儒家》（*Boston Confucianism*）就是他的。我跟他在这方面完全统一，我们不要去恢复一个古代的、纯粹的儒学，这不是儒学，这跟儒学有矛盾。儒学是"温故而知新"，是往前面走的，是进化的、进步的、有发展的一个传统。儒学必定要面对我们现在人类最重要的问题，儒学不是昨天的一个教条性的学说，它是一个活的传统。在这方面，南乐山要把他的传统跟儒学的传统联合在一起，变成他自己的一种儒学，他的贡献就是在这里。事实上我有一点跟他相同，可他还要保护他的上帝，我看上帝跟中国是两回事。所以我们的区别就是在这儿。

李：那你们在交流中会不会出现矛盾？

四 谈宗教与宗教感

安：不会，他是一个君子，人很好，同时我也不会客气。他是一个搞哲学的，一直要谈他的想法，要辩论。他的概念非常复杂，有时候他要把上帝作为怀特海所说的"创造"的一个概念，这个很复杂。事实上，我个人觉得怀特海是一个失败的过程哲学家，因为他也要保留上帝。我这个学期开了一门课程是"怀特海与《易经》"，可是现在哲学系研究怀特海的人很少，多多少少是与神学有关的学者研究他，因为他要保留上帝的概念。

"怀特海与《易经》"这门课非常有趣，我的想法是什么？中国有《易经》，这是几千年来的一个过程哲学，生生不息的哲学。在西方，19世纪之前是亚里士多德的那种想法，有本体论，有目的论，人性是被确定的，还有一个目标，没有什么世界，这是现成的一个世界，没有 human becomings（以关系构成的人物）这种想法。所以詹姆斯把这个叫作"宇宙板块论"（the block universe），因为没有新的东西，上帝已经确定了我们的起点是哪里，以及我们的最后一站是哪里，有什么发展？就是它。可是到了19世纪，西方要排斥亚里士多德和柏拉图那样的一个思维方法，现象学、实用主义、解释学等每一个学派他们最基本的想法是排斥基础主义、超越主义、客观主义、本质主义那种一定的、不动的想法，要开始想过程（to think process）。所以我的比较哲学是先看《易经》，再看怀特海，一开始要想跟过程有关的这类词汇。怀特海有一本书叫《过程与实在》，那个书是系统性的哲学，这个我没有兴趣，但有另外一本书叫《思维模式》(Modes of Thought)，那个是他最后的一本书，也是谁都看不懂的一本书。我的想法是，我们先看《易经》，然后慢慢地看怀特海的词汇，最后我们看那本书。如果有《易经》的背景，或许就可以看得懂他在说什么。

李：对于爱默生和南乐山这样的神学家，还有像怀特海这样的哲学家，他们承认上帝的存在。那么他们看儒学是一种宗教还是一种哲学，或者是一种其他的文化？

安：我个人看南乐山和怀特海在这方面是同类的，他们两个人在一方面要谈过程，在另外一方面还要保留他们的自足的一个上帝。我看这是一个相当大的矛盾。爱默生是另外一回事，我看他是一个比较有创造性的人。他最后要排斥神学，他排斥古老的神学，是为了更好地讲神学。他的宗教是一个比较接近儒学的宗教，是"以人为中心"的一种宗教。如果谈儒学的话，我估计南乐山跟我一样，我们把儒学作为一个人文性的资源。在西方，人文跟宗教是两回事，人文是排斥宗教的。但是如果说中国的儒学是人文而没有宗教，这个是把儒学减少了，所以我们要让它讲它自己的话。我们最大的问题不是儒学是不是宗教，我们的问题应该是儒学是怎

四　谈宗教与宗教感

样的一个宗教，是用它自己的词汇把它自己表达出来。如果你查百度，会发现"宗教"这个概念是西方的一个概念，是对超自然的事物赋予的意义。儒学是中国的一个东西，中国也有它的宗教，为什么必须要用西方的一个定义把它表达出来？中国的宗教不是西方的，而是中国自己的，是礼的一个概念，是家庭的一个概念，是另外一种想法。

李：在美国，儒学经典是被放在图书馆宗教类图书里面的。所以，您最初在夏威夷大学讲儒学的时候，他们会不会以为您是在讲宗教？

安：没有，因为我在哲学系，我谈的是哲学，可是哲学也有宗教哲学，所以并不矛盾。我们不要把哲学跟宗教分开，中国是整体性的一个传统，而宗教感是它非常重要的一部分，南乐山也有这种想法。

李：这个很好，现在越来越多的外国人能接受"儒学是一门哲学"这个想法。

安：对，没有问题。

李：在中国，儒学与基督教已经接触了大概有四百年，17世纪到18世纪出现了"礼仪之争"，然后发展到1840年的鸦片战争，1860年到1899年中国各地与基督教又发生了数千计的冲突，儒耶对话发展得很艰难。

安：对。因为西方的宗教是从一个上帝开始，而中国没有这种概念。比如说在西方的宗教中，如果有"我们"，那么"我们"必须有一个创造者。所以耶稣会的传教者来中国的时候，他们在一个口袋里装着亚里士多德的书，另外一个口袋里装着柏拉图的书，耶稣会是欧洲的天主教会，他们很多耶稣会成员都是博士，大部分在中学或大学教书，来中国的时候他们不是为了把他们表面上的宗教带来中国，而是为了把一个文明带来中国，他们要改变中国的文明。罗马教廷说如果中国人要接受天主教的话，就得排斥中国的礼，排斥中国的孝道。这就是改变中国的文明，而不是改变中国的宗教信仰这样一个目的。8世纪的时候，耶稣会到英国去，那个时候英国是盎格鲁—撒克逊人，而没有拉丁和希腊的那种思想、思维方法，可是耶稣会到了那里，100年之内就改变了他们的语言，改变了他们的思维方法，所以我们现在的语言有不同的层次，如果用盎格鲁—撒克逊讲的话，我们说"牛"要说cow，如果用希腊拉丁文要说beef，所以我们有不同的说法，一个是盎格鲁—撒克逊语言，一个是古希腊拉丁文。希腊跟拉丁文带来的是一个哲学的架子，用来改变对方的文明，他们来中国的时候，这也是他们的想法。这不是勉强你们，他们是友好的一个态度，他们觉得他们拥有宝贵的东西，要帮助中国人接受这个东西。

李：中国古代有"下跪"的礼仪，祭拜天地、祖先或孔

四　谈宗教与宗教感

子时下跪，朝拜皇帝和大臣时也会下跪，以前是一种很普遍的现象，耶稣会士也许认为中国这种礼仪是不文明的。

安：其实我觉得在他们看来，跪下去应该是面对上帝时的一个表现，西方人对上帝要有这种表现，中国的皇帝不是上帝，我们不要给他跪下这样子。中国400年来对基督教没有什么兴趣，可是到了最近忽然出现了家庭性的宗教。这跟外国的基督教没有什么密切的关系，这是中国自己的一种基督教，我个人觉得这是中国化的一种基督教，他们的价值和他们的想法比较接近中国的传统，而不是西方的上帝什么都是，我们人类什么都不是。

李：中国吸收佛教经历了上千年，宋朝也出现过大规模的、非常激烈的反佛运动，现在已经转化成中国自己的佛教。基督教传入中国才400年，估计中国文化对它的吸收还会有很长时间。

安：可是一样的现象是什么？佛教进来的时候，中国人要用自己的语言来把它表达出来，然后到了一个时期，有些聪明的中国人提出我们不要用道家这类的词汇来说，我们要让它讲它自己的话，所以他们创造出一套新的语言，一套非常丰富的词汇，让它讲它自己的话。最后中国就把佛教做成了自己的佛教，三论宗、禅宗、华严宗之类的，都是中国式的佛教，跟古代的印度也有关系，但不一样了。中国的佛教比较接近《易经》的宇宙论,所以可以通过《易经》的宇宙论来了解佛教。现在我们有一个问题是什么?是中国人要用西方的词汇来了解儒学跟道家,把佛教当成另外一回事。事实上,佛教的词汇跟儒学和道家是比较接近的,比如说"仁"的概念,西方现在的学者们要用西方的自由主义词汇来谈儒学,可是儒学的"仁"的概念是比较接近佛教的,是全息性、整体性的一个仁。

李:在唐朝的时候,唐太宗派玄奘去印度求取佛经。到了鸦片战争之后,中国政府也派出很多的孩子去西方学习西方的文化。向外学习,需要一个主动性的过程。

安:对,这就是中国文化强大的地方,它是混合型的,不要排他,要包容,要看他对我们有什么好处,充满智慧,充满好奇。北大这里有勺园,中国的想法像勺子,看起来是很小的一个东西,可是整个的宇宙就是在这个勺子里面。勺子是小小的一个东西,可是什么想法都在里面。孟子说:"万物皆备于我矣。"这个听起来跟佛教有密切的关系,我个人看这种思维方法是《易经》的想法,这是儒家的,也是道家的。道德的"道"不是创造其他以外的一个东西,"道"跟万物是从不同的层面来看待我们的经验。

儒学在海外

李：谈到儒学和基督教，韩国是一个特别的例子，这个国家一开始把儒学当作国学，后来受到日本的侵略，就转而信仰基督教，现在十个人里面得有六个人是基督徒。

安：他们的想法我个人觉得是这样子，谁都没有勉强韩国用汉字，谁都没有勉强日本用汉字，谁都没有勉强越南用汉字，可是不同的文明都学习中国的文字和政治制度，所以在韩国，儒学变成一个比较保守的传统，那是韩国自己的一个东西。对韩国来说，基督教看起来是新的一个东西，是革命性的一个东西。在我们的心目中，宗教是保守的，但是韩国人相信西方的宗教，这个有一点奇怪，他们为什么会这样？我个人看这是他们革命的一个态度，要对抗他们自己的那个保守的传统。根据我的经验，我在夏威夷大学的时候一共指导过 13 个韩国来的博士，他们

儒学在海外

的反应都一样，一听到我讲儒学，他们就说不要不要，我们已经知道儒学是什么东西，我们不要你的那种浪漫主义的儒学，我们要谈罗尔斯，我们要谈现代西方的人权、自由主义的那些东西。这就是他们，因为在他们那个社会，儒学变成了一个保守的负担，特别是女人，她们的孝道就变成了谁要告诉你你应该怎么做，所以韩国人要排斥这种古老的传统。

李：我想应该是他们对程朱理学吸收得太多了，而没有吸收一个整体性的儒学，就是从汉朝到现在的儒学，程朱理学的确是把人放在了一个框子里面，又被统治者拿来歪曲解读，那种礼教束缚很难受。

安：我听他们谈儒学的时候，他们的儒学有一个确定的成分，他们谈人性的时候，变成了一个固定化的人性，就是每个人有一样的想法、一样的人性。这里面好像有一点上帝的概念，那种最基本的、不改变的一种层次。这跟中国传统不一样，他们的儒学跟中国的儒学不一样。

李：对，这比较复杂。另外我想了解一下孔子学院在美国的情况，上次您说过孔子学院虽然有"孔子"的牌子，但是不讲孔子，不讲儒学。您怎么看这种情况？

安：这个很好。德国有歌德学院，歌德代表他们的文化，可是他们不讲歌德。为什么孔子学院这样做也很好，你

四　谈宗教与宗教感

知道吗？现在全世界有500多个孔子学院，夏威夷大学孔子学院是全世界第三个孔子学院，因为我们跟北大有30年的合作关系，很早就做了朋友，所以夏威夷大学孔子学院就变成一个榜样性的孔子学院，可是最近把它关掉了。我一直在想这个问题，问题出在什么地方？如果看历史，中国20世纪六七十年代把自己封闭起来，除了全世界的唐人街，与外界没有来往，谁都不知道中国的情况。忽然一个"改革开放"，中国从什么都没有，一个贫穷的国家就变成现在崭新的样子。这个是我到珠海的经历，从飞机场到中山大学珠海分校，需要一个半小时的车程，我看到全是新的马路，两边都是高楼，经过一个57公里长的桥（港珠澳大桥），是珠海到澳门、到香港的一个桥，中国在这个时代的发展是人类没有看到过的一个全新的现象。中国崛起了，在世界上的经济、政治影响一下子就变大了，首先外国对中国的情况完全不了解，他们不知道中国是什么样的，他们害怕。同时，他们是从他们自己的立场来看中国，西方有"帝国主义"，中国有"一带一路"，西方猜测"一带一路"是"帝国主义"，因为他们自己有这个经验。美国是一个超级国家，他们觉得中国要代替美国，要做一个超级国家，他们有这样的想法。我个人觉得，在一方面中国是超级大国，这是一个非常可喜的现象，可是在另外一方面，我们还需要加深了解中国。中国要按照自己的路继续走下去,世界要学习,要多了解中国。所以我们有我们的责任,我们作为一个桥梁,要让两边都彼此了解。现在的情况是不对称的,中国了解外国,外国不了解中国,问题是在这里。

五 谈汉字和语言

英文视角看汉字

李：汉字是世界上最古老的文字之一，也是流传最久的文字，还是使用人数最多的文字。记得您曾说过一段话，"如果到安阳的中国文字博物馆去看看，那里保存着 5000 个甲骨文字，单字在 4500 字左右，可以识别的有 1700 字。在那个时候就已经 5000 个文字，语言很丰富。通过这个语言一个时代接一个时代地吸引了不同的民族，慢慢地进入了这个漩涡，就一起变成了中国。"您可否展开谈一谈汉字的作用？

安：我们刚刚从柏林回来，这次到柏林去是为了庆祝中国社会科学院赵汀阳老师的德文书出版，他们把他的《天下体系》这本书翻译成德文，我们博古睿基金会已经把它翻译成英文。所以现在大家都注意到赵汀阳，为什么呢？因为他有一本书叫《惠此中国》，回答了一个问题：中国是从哪里

五　谈汉字和语言

来的？赵汀阳的观点是中国的中原河南那个地方，是非常舒服的一个地方，可是如果谈名字的话，很像欧洲，那里有不同的人、不同的语言、不同的习惯。可是因为有文字作为"吸引子"，这些文字、文字的产品以及经典就形成了漩涡，把其他的民族吸纳进来，不同的民族就变成一个学统、一个文化道统，这个漩涡让中原变成了中国。中国的文字是象形文字，不是罗马那样的拉丁文字母，所以不同的民族都可以分享这种汉字，只是他们的发音不一样，语言不一样。现在的韩国人、日本人、越南人，他们用的都是汉字，虽然发音不一样，可是他们看得懂。如果像欧洲或者印度这种语言，用罗马的拉丁语，就没有办法有一个中国，所以文字很重要。同时汉字的变化不大，两三千年以前的《论语》，我们现在还可以看得懂，这对于一个文明、一个传统来说非常重要。没有汉字，就没有中国。

李：上个月我出差去英国，在那里发现一个问题，英国不是一个汉语体系的国家，它对于汉语的文化不了解，俄国人巴枯宁传言的"黄祸论"在那里还有不小的影响。也许是因为历史上有北匈奴西迁、蒙古人西征等事件，所以欧洲人觉得黄种人对他们始终是一个威胁。

安：对，这是现在的一个现象，全世界对中国有怀疑。可是我个人觉得这是自然的一个现象，为什么？我之前已经跟你说过，1985年我来中国的时候，中国什么都没有，吃饭都有点困难，那时候中国人还在踏着自行车，普遍比较贫穷。仅仅用了十年时间，一个新的中国突然出现了，中国的发展是人类以前没有见过的一种发展，那个发展不是一步步做到的，而是转眼间就有一个先进的中国。一方面，谁都不了解中国，中国打开国门以前，除了全世界的"唐人街"，谁都不知道中国。另一方面，那时候中国跟外国没有什么关系，很少有来往。现在中国一下子就强大起来了，经济、政治的影响都很大，其他国家他们看不懂，不懂的话就会害怕，所以认为中国对他们来说是一个威胁。可是我个人觉得中国最好的态度是什么？是不要反应，一直往前走，去做你自己的事。"一带一路"这样的计划很好，我们现在的政治、经济秩序是不公平的，如果作为一个黑种人，现在你怎么办？没有办法。我们现在的世界还是一个帝国主义世界，谁控制经济谁就控制世界，有这个现象。我们必须得换一个新的政治、经济的秩序，中国要想办法把中国的发展带到外国去。我有没有跟你说过？我一两个月以前到珠海的中山大学去，看到那里的马路、高楼、57公里的大桥，很难想象的一个东西。如果你到甘肃、青海去，都是一样，在张掖买一个公寓，看起来跟北京差不多。中国的发展是整个国家都发展起来了，如果中国是一个小小的丹麦这种国家，这还是另

五　谈汉字和语言

一种现象，可是中国那么大的一个地方，人口那么多，一下子发展起来是不可思议的。

李：之所以像英国、美国那些国家有人传言"黄祸论"，就是他们认为中国是一个威胁。是不是因为中国对他们了解，而他们对中国不了解？

安：对，就是这么简单。他们不知道中国对他们了解，他们知道他们对中国不了解。他们有一个想法，觉得他们是"天下"，没有别的国家什么事，欧洲、美国的民族中心主义的思想存在普遍性，他们有唯一的一个上帝，谁都要崇拜他们的上帝，所以他们也是唯一的。如果中国是第二的话，应该跟他们一样，有这种看法。他们看不见中国。

李：我觉得英国人的骨子里有一种高傲的心态。

安：是，很严重。

李：如果问他们是否了解中国，中国的经济、中国的文化或者中国的儒学，他们不了解，重要的是他们不感兴趣。英国人觉得自己还是那个"日不落帝国"。

安：欧洲白种人的傲慢是很厉害的，我们看起来这是自然而然的事，所以我刚刚说现在的政治、经济秩序是不公平的，作为一个白种男人是最好的，作为一个黑种女人是最差的，有这种的偏见，同时我们已经把这种偏见自然化了，这个不行。我们必须得换一个秩序，一定要追求一个新的政治、经济的秩序。我们四月份（2019）在北大要开一个会议，我们把会议主题叫作"天下"概念，可是事实上是把欧洲、非洲、印度、伊斯兰的对国际关系的不同概念带到这里来，一起商量我们将来应该往什么方向发展。

李：英国虽然有一种高傲的心态，但是他们看起来还是非常绅士的，感觉他们非常礼貌。

安：那是冷淡。我的母亲是英国人。在第二次世界大战的时候，我的父亲是加拿大的空军，他到欧洲打仗，娶了一个英国夫人。我的母亲没有受什么教育，可是我跟邦妮要结婚的时候，她有一点怀疑，她跟一个邻居谈起我们结婚的事，后来我的母亲说隔壁的邻居想跟我讲一讲。我到了邻居那里，他说你要跟日裔的女孩结婚，我说不错。他说我了解她是年轻的、漂亮的，可是你们将来的小孩子会怎么样？什么都不是。我跟他说，我们的小孩子是我们的小孩子，如果社会不接受他们的话，这个是社会的问题，而不是我们的问题。可是我的母亲她也有一点偏见。

他们的问题是什么？你刚刚说，那时候英国是全世界的领导者，所以在英国有一个非常好笑的情况，他们一听我英文的口音，就会判断我是美国人，所以在一方面他们对我不客气，在另外一方面他们非常尊敬我，因为现在美国比他们强大。可是我一跟他们说，我不是美国人，我是加拿大人，

五　谈汉字和语言

他们态度就变了，虽然欢迎你，但是看不起你，埋怨你是乡下的一个小东西来我们英国受教育，就像欢迎一个来自遥远国家的表弟。按照他们的看法，加拿大只是一个农村，英国才是文化的发源地，加拿大是文化以外的地方。

李：对于英国的绅士文化和中国的君子文化，你觉得它们两者之间有可比较性吗？

安：中国的君子文化不是按照你的血缘，是按照你的文化、你的教育、你培养自己的过程。英国的绅士文化按照你的血缘、血统。他们听你的口音就会判断你是什么人，如果是牛津大学、剑桥大学的学生，他们有一定的口音；如果是乡下的农夫，他们也有一定的口音。

李：等级的分化比较明显。

安：很明显。我在剑桥大学做客座教授的时候，英国的亲戚来看我，我请他们在剑桥的一个餐厅吃饭，可是一个服务员听到我的亲戚的口音，他就奇怪这个人为什么会出现在这里，他应该在厨房那边洗碗才对。人们一听他们的口音，就会看不起他们，有一点这个感觉。这是英国的一个问题，没有什么平等，上下分化得很厉害。

李：讲到文字方面，英国是用英文，中国是用汉字，从英国人的角度来看汉字的话，应该是一个什么样的感觉？

安：什么都不懂，中国人对他们来说是一个难题。这个很妙，如果你在《牛津英语大词典》上查"中国"，"中国"的意思是什么？是"我不懂"的意思。在英国人看来，如果有一个难题，这个可以解决，可是如果有一个中国难题，永远不能把它解决了，就像一个"七巧板"（Chinese Puzzle）。比如说一个学校为了保护小孩子，需要一个消防演习（fire drill），有火灾的话我们要跑，应该怎么做。火警是非常严肃的一个事情，可是如果把中国放在前面，"Chinese fire drill"（中国式消防演习）那是什么？是年轻的小孩子开车到了一个红灯那里，车停了，门打开了，他们下来跑一跑、跑一跑，当灯变绿的时候，他们要再次上车，谁都不懂他们在做什么，所以英国把这个叫作"Chinese fire drill"，就是用来指代"一个完全看不懂的现象"。所以，英国人把中国叫"遥远的东方"（far east），中国是一个令人看不懂的国度，文字也是这样子，是不懂的民族的一个不懂的文字。如果是受教育的英国人，他们知道中国是另一个文化传统，可如果是没有受教育的老百姓，不管是谁的文明，他们都不懂，都不关心，都没有兴趣。

郑和与哥伦布的远航

安：可是在另一方面，中国是一个例外，在耶稣会来中国之前，跟欧洲没有什么来往。同时中国不像西方那样，有到别的地方去的习惯，明朝的时候，郑和七次航海（1405—1433年）到了非洲和其他不同的地方，可是在外国我们谁都不知道这件事情。

李："郑和下西洋"在中国历史上是一个大事件，我们历史课上专门讲到过。

安：对，可是这个我们没有听过，为什么？一方面这是一种政治知识，另外一方面，是因为中国人自己还不够重视郑和。意大利人哥伦布也是一个航海家，他进行了四次航行（1492—1502年），为了纪念他发现美洲大陆，美国设立了哥伦布日（10月12日）、哥伦比亚大学、哥伦比亚河、哥伦比亚电视台等，都以他的名字命名，就连哥伦比亚那个国家也是用哥伦布的名字命名的，Columbus（哥伦布）加上拉丁语的后缀变成 Columbia（哥伦比亚），意思是"哥伦布之国"，因为我们非常重视他的航海活动。如果西方的骄傲是普遍性，是自上而下的一种态度，那么中国的骄傲是自足，是觉得中国不需要别人，不需要别的国家，我们地大物博、物产丰富，有一点这种态度。

李：中国没有很隆重地纪念郑和，也许出于其他方面的考虑。

安：对，所以自己国家对他们的态度不一样，他们做的事情也完全不一样。第一次航行的时候，哥伦布有 3 艘船，一共带了 87 个人。郑和有 200 艘船，要带 2.7 万人到印度、到非洲去，非常非常大的规模。郑和的规模非常大，哥伦布的规模非常小，所以完全不一样。

李：他们的目的也不一样。

安：对，目的不一样。哥伦布的目的是要到印度去，当他到达了美洲大陆的时候，以为那就是印度，那里生活着土著人，所以把美洲的土著人称作"Indian"（印度人）。因为后来发现那不是正式的印度人，为了区分，又把美国的土著人称为"West Indian"（印第安人），把真正的印度人称为"East Indian"。

李：哥伦布航海去别的地方，他是想开发新的土地。

五　谈汉字和语言

安：他们是做生意，生意人。

李：做生意？

安：对。

李：但是郑和航海却是为了与其他国家发展友好关系，没想用武力去征服和占领其他地方，除了一些小的冲突外，基本是和平外交的态度。

安：郑和的目的也是有一点复杂，传说明朝的皇帝（朱棣）登基后，他害怕先帝（朱允炆）回来挑战他做皇帝的权力，他听说这个朱允炆逃到国外去了，就派郑和出去找。当然他可能有其他的目标，可是他们的唯一目标不是占有别人的国家，不是帝国主义性的一个想法。他们也要做生意，所以他们把明朝的丝绸、瓷器等货物卖到非洲去，现在在非洲的东边还可以见到从中国来的蓝颜色的瓷器（青花瓷）。

文字与文明

李：您作为一位英国后裔，起初有没有觉得中国是一个看不懂的国家？

安：我看是难懂的一个国家，所以我18岁的时候选择到香港去，我的目标是到一个遥远的地方，去做一次冒险。那个时候很年轻，我感觉如果到香港这样的一个地方，有鸦片，灯红酒绿，是完全不一样的地方，讲话也不一样，这对我来说是非常好的一个冒险。（20世纪）60年代我到了那个地方，同行有5个从加州大学来香港的美国人。他们看中国人没有独立性，是团体性的，小孩子们都是一起玩儿，就连他们到了上大学的年纪，还是没有男女的分别。我们在美国很年轻就开始有女朋友、有男朋友。可是在中国，香港那个时候他们没有这个观念，整个大学可能有两三对夫妇，平常的时候学生们是一个团体，男的女的都要在一起玩儿。从一

五　谈汉字和语言

个独立的美国人的立场来看，中国人的行为有点像小孩子一样。可是那个时候我不是他们，我是一个加拿大人，我也跟中国的朋友们在一起。我对那几个美国人没有什么大兴趣，他们一直在批评中国，而我从那个时候就开始了解中国，我个人感觉搞哲学的话，如果有一个东西不懂，一定要想办法了解它，即使过了大半辈子我还在了解中国。

李：在英国，了解中国的人很少，仅有一些汉学家像葛瑞汉、李约瑟等人对中国有研究，葛瑞汉写的那本《论道者》很受欢迎，他对孔子、孟子、墨子、杨朱等人的思想都做了详细的哲学分析。

安：对，他是我的老师。葛瑞汉他很小就来过中国，他的夫人是一个中国人，他们生了一个女儿，当女儿十三四岁时，他和夫人就分开了。葛瑞汉生前的最后两年（1989—1990年）在我们夏威夷大学做访问学者，我给他安排了一份工作。他快要去世的时候，他的夫人帮助他回到了英国。

李：英文和中文是世界上最为流行的文字，现在中国不仅学习自己的母语，自20世纪80年代开始在学校开设英语课，考试的时候占很大比重，甚至超过中文的比重，直到现在中国人学习英文的热情还只增不减。可是中文却被忽略了，现在的大学生中文功底普遍不好，但对他们来说好像影响不大，认为只要英文好就行了，而对自己文字不够重视，不够自信。

安：对，可是这个是最近发生的事。如果我们看莱布尼茨，他去世是18世纪初，去世前写了一本书叫《论中国人的自然神学》，在前面把儒学与基督教做了一个比较，他说如果我们谈创造东西的话，中国做得好，我们欧洲也做得好，我们应该彼此学习。他说如果谈到抽象概念的话，我们欧洲在前面，中国没有心灵的光，他的意思是什么？是我们有神学，有一个上帝，有理论。这是古希腊的思维方法，柏拉图、亚里士多德认为，那个最高的"知"是只看而不做，我们就是一个"旁观者"（spectator），只须看，因为它已经是完整的、完美的，不需要你的参与，是抽象的一个东西。所以他说如果谈抽象的概念，我们欧洲走在前面。同时他又说如果谈打仗的话，我们也走在前面，但这是丢脸的事，我们不应该这样子。他说如果谈社会哲学、政治哲学、伦理学，有谁知道中国走在我们欧洲的前面？这是莱布尼茨的话，说得很好。那个时候他就判断，在地球上有两个文明中心，一个是欧洲，一个是中国，这可是那个时候对中国的判断。但是工业革命（18世纪60年代）以后，欧洲和美国都很快发展起来，中国没参加工业革命，看起来中国落后了，就被别的帝国主义国家欺负了，所以中国自己有一点不自信。（20世纪）80年代有一个叫《河殇》的纪录片，这是

五　谈汉字和语言

中国人批评自己，说中国是一个古董，是没有现代性的一个地方，中国的黄河是黄颜色，代表着"黄色文明"，它保守、愚昧、落后；西方的海洋是蓝颜色，代表着"蓝色文明"，为了生存，中国必须向"蓝色文明"学习。长达150年中国没有他自己的声音，所以慢慢地对自己有点不自信。可是最近中国崛起了，中国的自信心回来了，有这个现象。

李：您说中国最有价值的东西，其中就有文字和语言，您是如何发现这个问题的？

安：中国有一个现象，它跟别的文明传统不一样。我可能已经跟你说过了，如果把古代的埃及跟现在埃及这个国家相比较，它们好像没有关系，彼此是断裂的。古代的希腊跟现在希腊这个国家没有什么关系，古罗马跟意大利没有什么关系。可中国是一个时代接一个时代传下来的文明，同时现在的中国人会看古代的中文，这非常妙，所以文化很深厚。

李：中国历史从古到今没有断裂，文化传统有延续性，您认为是否与中国的文字有密切联系？

安：是文字跟家庭制度这两个因素。文字当然重要，中国有家族制度，这也是非常重要的事。中国是一多不分、和而不同的一个国家，每一个地方都有那么多、那么大的区别，你到上海去、到广东去的时候，根本听不懂他们在讲什么，语言是"多"，可是文字是"一"，所以文字是中国一多不分的原因。家庭制度也是这样子，你们的礼跟你们的文字是离不开的，你们的教育跟你们的道德是一样东西，道德是把你的关系扩大化，教育也是扩大你的智慧。

李：记得您说过一句话，就是文字跟文明是分不开的。

安：对，"文"是非常妙的一个字，如果是甲骨文的话，是指身体上的一个文身（tattoo）。这有点奇怪，因为中国人把文身跟野蛮联合在一起，古代也是这样子。"文"原来甲骨文的字"𡨕"，就是在身体上刺出各种各样的文身，可是现在的这个"文"有文明、文化、文学、文人的含义，或许古代的文身是一个人身份的象征。我一直想如果谈本体论的话，中国人不应该把 ontology 翻译成本体论，应该把它翻译成生存论。生是"中国天地之大德曰生""生生不息"，不是 being（存在），being 是西方的一个说法。所以我批评赵汀阳，他一直要谈存在论，那个"存在"不是中国的，而是古希腊的，他说存在要永远存在，这不是中国的说法，中国是生存，"生"这个字的甲骨文写法就像一个受孕的女人，然后要生小孩、要繁衍生息，它是一个循环的过程。一个中国人的文化传统是体会，现在或将来的每个时代都要体会以前的时代，当你看到你祖母的照片，会看到你自己的样子，你的价值、你的文化、你的语言、你的思维方法，都是从她那里传下来的，你是你祖母在这个世界上的循环，似乎你的祖母还在，有这个感觉。中国人的"生"是非常重要的一个概念，生跟 life 是一样东西。同样，中国的道德和教育是 growth（成长），中国人为什么重视道德和教育？因为道德和教育是长大、成长，有这种想法。

李：中国人很注重延续性，所以中国的家族都有很悠久的历史，孔氏家族的族谱是中国历史上延续时间最长的族谱，从孔子起到现在2500多年，已经传到第80代，全世界已经有几百万孔氏族人了。钱氏家族，从五代吴越国开国到现在已经1100多年，全世界也差不多有10万人了，这就是中国家族的延续性。

安：对，每一个家族都有一首诗，每一个世代都有一样的字，这种习惯是为了保护和延续一个家族的认识、一个自我的了解。

李：每一个家谱上面都写着排辈次序，是选择寓意好的字依次排开，看起来像是一首诗，就像我所在的这一脉李氏，是按照"庆裕来世，泽绍振宗。家修丕懋，善绩绍如"这些字来排辈分的。有一天，我看到我爸爸在家里抄家谱，大概抄写了5本，它们放在一起很厚一摞，现在他有时候会拿出来看一下，了解我们的祖先。

安：家谱是从什么时候开始的？

李：从明朝开始的，据说是从山西那边迁徙过来的。李氏家族有很多支脉，比较著名的是陇西李氏和赵郡李氏，这两支李氏出了很多历史名人。如果是官职很高的人，族谱上会为他写一个传记，记载他的事迹和贡献；如果是普通人，族谱上就只有一个名字；如果是女人，那就很可怜了，族谱上连个名字都没有，只有一个姓氏，像李氏、王氏、张氏。但是到了我这一代，我爸爸在续家谱的时候，把我的名字和我妹妹的名字都续进去了，因为他是一个比较开明的人。其实"女性入家谱"已有先例，2005年续修《孔子世家谱》的时候，就开始将女性收入了族谱中。

安：在夏威夷我见过这种坟墓，上面没有女人的名字，只有姓氏。欧洲人到夏威夷是1778年，中国人到夏威夷是1789年，11年以后中国人就到了，所以中国人在夏威夷的历史很长，他们有他们自己的坟墓。最早的坟墓跟中国人差不多，可是慢慢地有一种改变，慢慢地他们对汉字的认识有点淡化，样子不是太正式，同时他们要把他们的英文名字刻上去，因为在夏威夷都用他们的英文名字。最早女人的坟墓上只写着姓氏，可是以后的墓碑上慢慢地就写上了个人的名字，有这个改变。夏威夷的那些墓碑是一个历史资料，你可以了解移民到美国去的华人的历史是怎么样的。如果没有中国人的话，夏威夷不一样。中国人到夏威夷去的时候，是最穷的，什么都没有，他们很多是从广东来的，搭船到夏威

五　谈汉字和语言

夷，他们的目标是挣钱，然后回家盖一个很漂亮的房子，他们有这个梦想。可是有些中国人留在那边，因为移民到美国去的都是男的，没有女的，所以他们再次跟本地人结婚。我们夏威夷最著名的歌唱家，都是混血的，是中国跟夏威夷人的混血。

李：他们现在还说中国的语言吗？

安：还存在，他们有自己的学校，有些人觉得"我是一个华人"是一件重要的事，另外有些人他们根本无所谓，他们会说"我是一个美国人"，有不同的态度。

中国的第五大发明

李：有一个著名的语言学家，是香港人，他叫安子介，不知道您有没有听说过，他把汉字说成是"中国的第五大发明"。这个说法您同意吗？

安：同意。为什么呢？因为我们现在看欧洲，他们有他们的欧盟，那个欧盟是非常好的一个现象，可是把欧盟的国家联合在一起的语言是英文。这有点奇怪，因为英国要脱欧，可是欧盟的国家用的语言就是英文。不过文字有一个固定的样子，不管你是什么民族，你都可以用自己的语言把它表达出来，中国的文字就是一个"一"。在欧洲，天主教他们用的拉丁文，是共用的一个语言，不同的国家有不同的教堂，有这种现象。可是他们的区别也非常大，并没有像中国那样一个时代一个时代的延续。

李：德国人曾经想统一整个欧洲，但是没有做到。

五　谈汉字和语言

安：对，他们的想法是要侵略别的国家，占据他们的地方，法国也是。

李：这件事秦始皇做到了，他灭掉了其他六个诸侯国（韩、赵、魏、楚、燕、齐），统一了中国，因为当时各个诸侯国"文字异形，言语异声"，他觉得不利于自己的统治，所以让李斯等人对西周文字进行了修改，制定了全国通行的、统一的标准文字。

安：那是中国非常重要的一个历史阶段。

李：到了元朝，成吉思汗虽然是个蒙古人，但是他并没有把汉字用蒙文替换掉，而是延续了汉字。清朝也一样，满族人一开始使用满文，后来也慢慢开始使用汉字。

安：这就是中国的样子。如果看最代表中国的一个时代，是大唐，可是大唐的贵族也是外来的名字，不是汉人的名字，所以中国的历史是一个混合体。我们当时看元朝是蒙古族，对于汉人来说他们是外国人，可是最后变成了中国人。秦朝是比中国人更中国的一个时代，这就是中国的样子，以前是外来的，现在变成中国的。第一个从西方来中国的是佛教，第二个是耶稣会，所以中国最著名的思想家李泽厚谈的康德、马克思、儒学，牟宗三谈的康德、儒学，唐君毅谈的黑格尔、怀特海、儒学，都是混血的。

李：思想也是混血的。

安：对，思想也是混血的。

李：回过头来看一看，如果当时元朝强制大家使用蒙文，清朝强制大家使用满文，现在这个中国会不会就不存在了？

安：这个是文字的特点，中国不勉强韩国用中国的汉字，韩国人却来中国学习，他们要借中国的政治制度，借中国的文化，变成东亚的一个学统。日本也一样，他们很早就开始用汉字，这不是中国勉强他们的。中国是一个文明，他们来中国学文明和其他东西，把它们带到韩国、日本去，把它们内在化了。

李：是这样的。汉字的历史很长，可以追溯到公元前14世纪的甲骨文，然后经过了金文、大篆、小篆等字体，形成了今天的文字。每一个汉字也都有它们的故事，就像您经常说的"善""孝"，它们在古代的写法和今天是不一样的。

安：对，这也很妙，中国的汉字都有含义。我不知道有没有给你说过，如果看古代的"老"（ ）这个字，像是一个头发很乱的老人，挂着一根木杖，可是再看"孝"（ ）这个字，他手中的木杖就变成一个小孩，这里面有很多的故事。"仁"这个字，如果看郭店楚简的话是这样子写的" "，上面一个身，下面一个心，你再看从人从二的写法，我们可以知道"仁"跟关系性是分不开的。"身"这个字，

五　谈汉字和语言

如果看甲骨文"𣎴"的话，它不是普通的一个身，像是一个受孕的女人，这是母亲跟孩子的一个表现。从这些来看，中国的汉字有它们的妙处。

李：中国的成语也很多，几乎每一个成语都能讲出来它的故事。

安：成语非常重要。中国的思维方法跟西方不一样，如果谈古代希腊的文法、古代梵文的文法，非常复杂，可是目标很清楚、很确定。中国没有什么文法，文字联合在一起富有想象性（imagination），不同的文字联合在一起是为了创造意义。中国的思维方法是一个阴阳思维方法，阴阳是对比的，我们如何去认识一个东西？第一步是将它们做一个对比，第二步是调焦（to focus）。"focus"是照相机里用来调焦的一个东西，如果看不清楚的话要调焦，这样才能看清楚。所以阴阳的思维方法，是把两个东西联合在一起做对比，然后可以了解它。我的工作，以及汉学家的工作，都是把中国跟西方联合在一起，为了加深彼此了解。如果没有对比的话，你没有办法真正了解一个东西。所以，中国的思维方法是阴阳思维方法。

李：您说的非常重要，我跟您学会了对比的研究方法。在中西方文化中，比如说我想了解英国的绅士文化，可以拿儒家的君子文化做一个比较，这样的话研究起来更感兴趣，也能看得更清楚、更全面。在生活中也是一样，如果您想跟一个朋友交流，打算跟他维持良好的关系，您首先就得了解他，要把自己的想法跟他的想法一起比较，共同语言越多，越容易沟通和交流。

安：对，可以看他们共通的地方，也可以看他们的差异，比较的办法是我们最好的一个办法，除了这个以外，我不知道是不是还有更好的办法。我们的世界是从哪里来？如果把《易经》跟《圣经》做一个比较的话，你可以了解中国跟西方的不一样，西方有一个上帝，这个上帝是一个因果论的来源，因为有上帝，所以有世界。中国不是这样子，中国没有一个开始，也没有一个终点，《易经》是生生不息的哲学，所以不一样。

简体字与繁体字

李： 2005年的时候，任继愈先生在国家图书馆做过一个演讲，他说，现在外国学习汉字的人越来越多，而我们对汉字却还没有足够的重视，汉语、汉字的危机不在外界而在国内。由此他提出"汉字再认识"的观点，希望中国人重新认识汉字。您也多次说过中国的文字特别重要，跟中国的统一和历史的延续都密切相关。可是现在误用、滥用汉字的情况很多，的确需要加强正面认识。

安： 对，这是非常重要的，特别是因为英文的影响。十几年以前，有一个著名的美国哲学家叫罗蒂（Richard Rorty），他参加比较哲学大会，常常来夏威夷这边，他在一个报告中说，三四十年过后，文化就会跟快餐一样，也要选择这个或是那个作为你自己的文化，那个时候我们可能就只有两个语言，一个是英文的，一个是中文的。等他讲完了，在场的 300 个人脸都红了，他们都举手要发言。因为我们那个比较哲学大会上的人，他们来自 40 个不同的国家，是不同文明的代表，他们当时觉得罗蒂错误地估计了我们将来的情况。现在来看，这个问题相当大，英文在一方面很方便，是谁都能讲的一个语言。可是这对他们自己语言的影响会怎么样？一个德国人，如果他的英文跟我的英文一样，那么他对他的德语的了解会怎么样？他一定要把自己摆在学习英文的位置上，而那个时候他没有办法了解他自己的母语。所以这个问题很大，有一个国际语言当然是很好，可是这对本地的语言影响也很大。

李：就会忽略掉自己的母语。

安：对，有一点这个问题。

李：中国有一个时期汉字被简化，繁体改成了简体，后来还用拼音，当时很多人反对，尤其是任继愈先生他们不太赞成。

安：夏威夷有个著名的汉学家叫 John Francis，中文的名字我不知道。他是一个马克思主义者，在中国加入了一个学派，那个学派认为汉字对中国的教育来说是一个障碍，如果用拼音的话，中国人可以受教育受得比较快，所以他们要排斥汉字，改用拼音。我一直跟他辩论，他心地善良，我也很喜欢他，可是这件事他做得不对。没有汉字的话就没有中国，同时我个人觉得简体字不好看，中国要恢复原来的繁体字。所以我在台湾受教育的时候，学习的是繁体字，这个很好。

李：中国的古书里面都是繁体字，如果不是古汉语相关专业的话，很多人都看不懂。

安：对，都是繁体字。中国现在的"爱"（愛）没有心，"产"（産）没有生，这不对称，不好看。所以我个人看将来我们要再次想一想，用简体字真的是好事情吗？

李：我也正想问您这方面的问题，今天我们在读古书的时候，如果用简体字，会不会漏掉一些信息？

安：我们刚刚说过，秦始皇时代有 3000 个字，他要统一化、标准化，因为中国那个时候不同的地方用不同的汉字，统一是非常重要的事情。可是香港中文大学有一位学者，他建立了一个数据库（Database）是秦始皇帝以前的甲骨文、金文的字。如果用以前的字，我们很多疑问都可以得到解答。所以，我刚刚说的"生"那个字，金文的写法是一个受孕的女人的身体，"孝"那个字，有一个老人，有一个小孩，当一个人老了要依靠年轻人，都有它的含义在里面。

李：如果是简体字的话，就丢掉了它原来的意思。

安：繁体字很漂亮。

李：您现在写字的时候，都是写繁体字？

安：对。

李：您觉得难吗？

安：不，都一样，要看你学的时候是什么字，仁义的"义"，如果简体的话一点都不好看，繁体的"義"是个很漂亮的字。"義"的下面有个"戈"，跟声音有关系，也跟祭祀用的牺牲有关系，是一个端庄的样貌，一个端正的态度。

李：现在的"义"已经看不出来这些意思了，一个叉号，上面一个点，看起来像是一个武器。

安：不好看。

李：现在的孩子基本上不会繁体字，我在学校也没有学过繁体字，都是后来自学的。

安：对，你是一个受教育的人。如果受教育的话，看中国古代的经典，就会了解繁体字，会写这是另外一回事。

李：是的，我会看，但不会写。

普通话与方言

李：如果说到人跟动物有什么差别，儒家的答案是人类能够体察仁义之道，顺着仁义去做事，孟子说"人之所以异于禽兽者几希……由仁义行，非行仁义也"。除此之外，人类的语言也特别神奇，世界上的语言五花八门，我们不仅能用它来沟通交流，还可以唱出动听的音乐，吟诵出优美的诗句，用语言创造出人类文明，所以我觉得语言也是人类与动物之间的一个差别。动物虽然有它自己的语言，但是主要用来传递信息，跟人类相比，动物语言处于一个较低的阶段。

安：我们到北大赛克勒博物馆去参观，那里边有一个从辽宁出土的金牛山人头骨化石，那个时候是旧石器时代，可能是28万年之前，是直立人向早期智人过渡的一个时期。如果看金牛山人的头盖，里面的脑量大概是1300多毫升，跟现在人的脑量差不多。所以这个人就是一个例子，我们是动物，可是跟猴子有明显的区别。我们有灵活的身体、比较高级的思维方法，我们慢慢地创造出一个语言，这个语言开始是跟别人讲话，然后是跟我们自己讲话，再后来就创造出一个自我。一个人的思维非常妙，是因为反思非常重要，没有反思的话，我们就跟狗一样。

李：您的意思是说，人跟动物之间的差别，在于人会反思。

安：对，反思非常重要的，我们跟猴子之间的差异很小，可是我们的大脑会反思，最后我们拥有了语言，发明了文字。同时，我们的语言越来越复杂，我们要有交换（exchange），要有平衡（balance），要谈正义（justice），正义是比较高尚的一个概念，可是这跟你的身体有关系，是从身体的经验创造的一个比较高的概念。

李：中国的语言系统非常庞杂，以山东来说，大概有几百个口音，每个地方都有他们自己的语言，我家在山东的西南方向，如果往东走，到山东的淄博、潍坊或青岛那些地方去，有很多方言听不懂。小时候我们都说方言，读大学的时候，同学们都是从全国各地来的，互相听不懂各自的方言，于是都开始说普通话。现在大部分年轻人都流行说普通话，甚至连自己家乡的方言都不会说了。当普通话成了公共语言，成了官话，这样又出现了新的问题，很多方言濒临消失，所以有些语言学家就发起了保护方言的倡议。其实，方

五　谈汉字和语言

言很有意思,像东北话、山东话、河北话、河南话、闽南话、客家话、湖南话等,都非常有特色。

安:对。普通话是一个很新的概念,如果回到 100 年以前的中国,没有这个普通话,有官话,可是那个官话是写的,中国的写跟说,与别的国家的写跟说关系不一样。

《天书》与文字的想象力

李：汉字有一个特点，它的偏旁很多，包括金、木、水、火、土、山、风、日、月等，总体来看这些都跟自然有关，从汉字中可否看出古人有自然崇拜的意思？

安：对。这个也反映出文字跟《易经》八卦有关系，一方面《易经》是阴阳的思维方式，古人从天地、日月、昼夜、寒暑、水火中归纳出阴阳的概念，他们看所有的东西都是从阴阳中来的，文字也一样，有的文字属阴，有的文字属阳，有这种想法。另外一方面汉字看起来像一个方块，上下左右有立体的感觉，八卦的写法也是方方正正的，所以汉字又叫"方块字"，汉字是从八卦中演化出来的。十几年以前，有一个艺术家叫徐冰，他有一个艺术品叫《天书》，这个《天书》里面有4000多个文字，看起来是汉字，可它们不是汉字。这个你见过吗？

李：没有见过。

五 谈汉字和语言

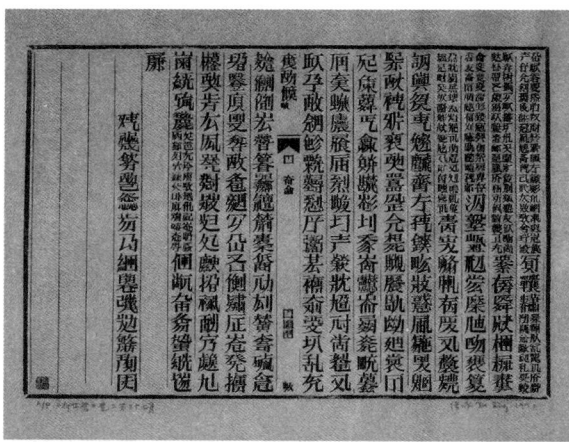

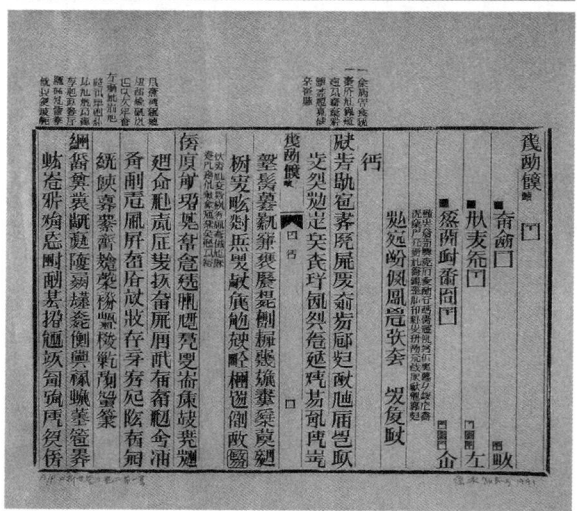

《天书》（图片来自网络）

安：我给你看，这个一定要看。（安先生打开电脑）这些字体看起来像宋代的写法，徐冰最初把这部作品命名为《析世鉴》，有观众告诉他说这就像天书一样难懂，他就将其改名为《天书》。这些字你认识吗？

李：开始看觉得像汉字，仔细观察一下又不是汉字，不认识，完全看不懂。

安：有一天我把《天书》带到一个复印店，当时是晚上11：30，有一个女人在店里边，她看起来很累，我给她这个材料，跟她说帮我复印40张，她说好好好，我现在帮你去复印。等她回来的时候，她的眼睛放了光，她看着我，因为她很吃惊我会看这些中文。你看这些字是什么？它们有英文翻译："learn from the past, moving forward in time"。

李：那是英文？

安：对，看起来是英文，但也不一样。

李：这些字是他创造的吗？

安：他创造的。

李：那他是哪国人？

安：他是中国人，现在是中央美术学院的老师。30年前，他在纽约待了一段时间，2007年他回到中国来。我上一次跟他见了一面，当时根本不知道是他。彭芳是北大的一个老师，跟徐冰是好朋友，有一天晚上，彭芳给我打来一个电话，她说Roger你今天晚上有空吗，徐冰要来我的家，我

五　谈汉字和语言

们可以一起聊聊天。因为第二天我要上课,我还没有准备,所以我很抱歉,没有办法去。可是她又说明天晚上还可以一起吃饭,我说好。第二天晚上,我们约好在北大西门见面,我到西门的时候,有一个穿西装、戴领带的很正式的老师开始跟我讲话,我看他眼熟,可是不知道是哪里认识的。现在这在中国是一个很大的问题,我认识那么多人,我知道我在什么地方见过他,可是想不起来究竟在哪里。这个人开始跟我讲话,我以为他是北大的一个老师,我也跟他讲,然后彭芳从一个出租车上下来,这个人他要陪我们进去,我才知道他就是徐冰。可是我认识的徐冰,他衣服很邋遢,很不讲究形象,他原来是中央美术学院的一个副院长,最近他把这个职位推掉,回到他自己的艺术中去了,这个很好。

李:您在认识他这个人之前,已经知道《天书》上的字了?

安:不认识,后来我跟他学习了。我的意思是什么?上一次跟他见一面,我竟然忘记了他是谁,这是非常奇妙的一件事。

李:您是什么时候注意到《天书》的?

安:这个可能是 2000 年左右,可是《天书》在 1980 年就有了,比较早。

李:您觉得这种字怎么样?

安：这个非常非常好，其他人有不同的看法。我写了一篇文章叫《读徐冰〈天书〉——研究意义创造的个案》，要谈《天书》跟中国宇宙论的联系。你一看到《天书》的时候，会有一点沮丧，觉得这些字应该有意思，可是它们没有意思，是一本"无意义的书"（nonsense writing）。确实，徐冰的《天书》迫使我们思考一个严肃而深远的哲学问题——意义从何而来？回答这个问题，我们必得区分"创生于虚无"的创造意义与"境生"的创造意义。"创生于虚无"的变体主导着亚里士多德的宇宙论假定，创造与上帝有关，创造性是一种独立的力量，是一个特殊天才的诞生；中国宇宙论中"境生"创造性可被解读为自我和世界合作性的协同创造，创造自我和创造世界是彼此连接、互相包含的过程，《易经》就是"境生"的产物，正是这部开放性的典籍跟两千年以来不断附加的评注确立了中国宇宙论的语言。从"境生"视角来考虑，《天书》为我们提供了意义之初始、萌生却不确定——仍然晦暗不明然而却充满希望的迹象，它会迫使与我们自己理解独特的想象力面对。

李：读《天书》的时候，需要我们发挥极大的想象力。

安：我们读的时候，在一方面是他，在另外一方面是我们。有些人说这是一个社会批评，我们现在的社会太复杂，我们都糊涂了，根本不知道自己是什么人。我们现在挖到的

五　谈汉字和语言

材料，比如甲骨文，一共有 5000 个字，可是我们只认识其中的 1500 个字，有很多我们不认识，需要我们的想象力去面对。一个普通的中国人看郭店竹简，他看不懂，看金文他也看不懂。从中国的历史来看，如果谈元朝，蒙古族有不同的语言和文字，如果谈清朝，满族也有自己的语言和文字，所以在中国一直有认识的字，也有不认识的字，这个很妙。庄子也提到语言，他谈语言表达的方法。事实上，庄子的"卮言"（无心之言）让所有的语言都成为艺术，他说："卮言日出，和以天倪，因以曼衍，所以穷年"，语言是以它完全的自主性产生的意境。徐冰的《天书》就是这样一种"卮言"，看起来没有意义，可是向我们提供了一个无穷尽的意境。

后　　记

　　为安乐哲先生做一本访谈录，是我长久以来的一个想法。从事研究工作之前，我曾经在报社、杂志社做过记者，虽然时间短暂，但是这种对话方式是我喜欢并擅长的。2019年4月至11月间，我先后六次拜访安先生，本书便是全部的访谈记录。因为和安先生比较熟悉，整个访谈过程有种顺水而行的感觉，沿着一个话头去谈，随机而动，不用考虑以哪句话为终点，摆在我们面前的是一个广阔而开放的空间。通过轻松愉快的对话进行思想交流，那些高深厚重的话题也变得生动活泼起来。

　　在本书中，我的职责就是将安先生的话分类记述下来，让更多的人了解他的学术观点。记得2011年初，第一次听到安先生讲课，他对儒学别开生面的解读深深吸引了我。他说："儒家价值观在解决国际问题方面具有重要的参考价值，

后　记

因为它遵循着一种原则，那就是其目标不是哪一方要胜出，而是要维护双方的密切关系"，"在21世纪人类要想共同生存，必须奉行共生共荣的思想"，"我们要关爱以个人为中心的每个关系，爱我自己跟我的夫人的关系，爱我跟我的儿子的关系，爱我跟我的同学的关系，爱我跟我的朋友们的关系"。当时我写了一篇小文章，对他的思想进行了梳理，发表在《国学新视野》，只是希望更多的人了解他的观点、听到他的声音。今天，我依然是这样想的。

　　作为一位美国哲学家，安乐哲先生探索出一种新的研究范式，以中西互为中心和文明互鉴的学术立场来研究中国哲学。他以一种审美的、欣赏的眼光把儒学与杜威的实用主义巧妙地结合在一起，来应对美国所谓的个人主义所导致的社会危机；同时，对中国哲学充满迷恋，像一个追求者那样孜孜不倦地去发掘和成就它，要让整个世界看到中国哲学的光芒。也许，他的想法太过理想，甚至被他的学生笑称为"浪漫主义的儒学"，可是他为我们提供了一个国际性的视野。他在北大开设了两门课程："詹姆斯与孟子的心理哲学""易经与怀特海的过程哲学"，尝试从中国哲学入手去了解西方哲学。他认为，中国哲学是整体性、全息性、审美性的思维方法，所以他对《论语》《孝经》《中庸》等经典的诠释基本遵照这一原则，这种诠释方法成为"夏威夷儒学"

后　记

的典型风格。

以"文明互鉴境域中的夏威夷儒学"为题目，意在突出安乐哲先生的研究范式和学术风格。当然，"夏威夷儒学"的代表人物不仅有安先生，还有成中英先生。美国的儒学研究群体不仅有"夏威夷学派"，还有"波士顿学派""哈佛学派""斯坦福学派"。儒学在美国的发展两百余年，经历了汉学笼罩下的儒学认知（1784—1849）、儒学与基督教复兴运动的碰撞（1849—1920）、儒学与美国超验主义的相遇（1849—1920）、美国中国学的兴起（1920—1950）、现代新儒学在美国的出现（1950—1990）、儒学与西方哲学比较研究（1990年至今）等几个阶段，完成了从"美国汉学"到"美国中国学"再到"美国儒学"的形态蜕变。美国的儒学研究结出了丰硕的果实，为儒学提供了一个全新的发展空间。"他山之石，可以攻玉"，希望通过此书引起更多学者的关注，对美国儒学进行多角度、深层次的研究。

为了保留原汁原味的谈话过程，还原当时的对话情景，我对录音进行了逐字逐句的分辨、记录和整理，只叹自己才疏学浅，未能问得更加高深的问题，难以全面展现安先生的哲人风采，恐辜负了诸位。感谢恩师梁涛先生，以及山东社科院涂可国先生给出指导性意见；感谢中国社会科学出版社孙萍博士、清华大学王海岩博士、北京大学张倩茹博士，以

后　记

及魏娜、于琦在校稿和翻译方面给予的帮助；感谢我的家人、老师和朋友一如既往的关心支持。本书出版得到"泰山学者工程专项"经费资助，一并表示感谢！

李文娟
2020 年秋于济南